U0065868

故事東亞史

①

12個
奠基東亞的
關鍵時刻

胡川安．總策劃
江懷哲、林韋聿、胡川安、郭忠豪、彭成毅、曾齡儀、蔡宗穎．著
鄭皓允．繪
陳國棟（中央研究院史語所研究員）．審定

從臺灣出發的東亞史

　　你知道日本戰國時代的大將軍豐臣秀吉曾經寫信給高山國（現今臺灣）國王嗎？皇帝制度、孔子的思想不僅影響了中國歷史兩千年，對於韓國、日本和越南也有重大的影響嗎？唐代的長安曾經是世界最大的城市之一，更是東亞世界的中心，就像是現在的紐約和巴黎一樣，大家都想去感受它的「潮」，就連日本的京都也是模仿長安規劃出來的嗎？每一段歷史背後總有精采的故事。

　　「歷史，是過去與現在的不斷對話。」英國歷史學家卡爾留給我們的這句名言，意思就是對於現在的理解，會影響我們對於過去的認知。我們的歷史知識為什麼會隨著時代改變，在於現實的不同。

　　過去，我們著重在中國史的教育，不注重臺灣史，只把臺灣史當作中國史的邊緣地方史看待。但當我們以臺灣為中心來看臺灣的歷史發展時，中國只是跟臺灣交流的其中一個文化。我們從「臺灣」開始，先策劃了《故事臺灣史》系列，從時間、人物、地點和物件理解臺灣史，看看臺灣島在不同的強權間徘徊，如何漸漸有了自己的認同感。

　　但我們的目光不僅止於此，東亞歷史的故事不只是臺灣史和中國史，而是東亞各個文化間如何相互交流、相互影響的歷史，因此新策劃了《故事東亞史》系列，以整個東亞為中心，開始勾勒出世界觀，不只中國，還包含了日本、韓國、東南亞，以及內亞如何在東亞地域上有怎麼樣的交流。對於現在的臺灣人而言，中國歷史很重要，了解周圍國家的歷史源流、該怎麼去看待也很重要。東亞和東南亞各國的歷史和文化更是臺灣人以往所缺乏的知識，而這些文化和臺灣有千絲萬縷的關係，彼此之間的互動相當頻繁。

　　過去教歷史的方法都是教孩子一個個國家的歷史，但「國家」其實是很後來才出現的，更早之前，是不同的帝國、王朝、部落和文化圈。如果只從「國家」來了解歷史，只能看到一小部分。《故事東亞史》希望從現實與過去的互動過程來理解，讓讀者能透過歷史了解現在，用現在的角度觀察歷史。東亞是世

界文化很重要的區域，但是亞洲並不是一整塊大陸。古代的希臘人將波斯帝國稱為亞洲，後來亞洲的區域慢慢擴大，由於所包含的文化和族群太多，就分成南亞、東亞或東北亞與東南亞。而如果用歷史和文化的視角來看的話，受到儒家文化影響，使用漢字，採用相關的典章制度、使用筷子吃飯的地方，大致是東亞文化的範圍。但是，東亞文化不是獨立發展的區域，除了每個地方有特殊的文化，他們也和世界其他的地區相互交流。東亞北部和內亞世界相互來往，日本、韓國、越南都和海上的勢力相關，而越南在東南亞和東亞世界的交會點，因而看得到兩種文化的影子。馬來西亞、印尼和新加坡則因為有大量的華人，主導當地的政治和經濟局勢，也和東亞世界有密切的文化與經濟上的聯繫。

《故事東亞史 1：12 個奠基東亞的關鍵時刻》聚焦東亞史上重要的十二個關鍵時刻，從影響東亞文化的思想和制度開始，看東亞世界是如何萌芽、成形，慢慢形塑出東亞圈，而且不只是與韓國和日本的交流，內亞和歐洲國家也曾與發展中的東亞世界交流、互動，甚至相互影響著。東亞世界的霸主不只是漢人，蒙古人和滿洲人也都主宰過這塊土地，直到十六世紀後，歐洲國家紛紛到了亞洲，不同的文化和民族面對歐洲國家的時候，進入現代化的方式每個都不同，有的國家選擇君主立憲，有的國家選擇共產主義，有的國家選擇民主的道路，選擇的道路也決定了東亞世界的現在，還有我們的未來。

雖然東亞文化受到儒家、佛教文化影響，但每個地區仍各具特色，透過文化的角度理解區域的歷史，讓我們可以跨越國境、時代和族群的界線，在其中找到共同與差異的地方。即使在現在的網路時代，以往共同組成東亞文化的特色還是在這些地方相互交流。透過理解東亞的關鍵時刻和關鍵人物，我們可以宏觀的理解過去，一個關鍵時刻或是人物，就是理解過去的一把鑰匙，增加我們對於過去的認識，並且理解臺灣在東亞世界的存在，也可以想想臺灣在東亞世界中所扮演的角色。

國立中央大學中國文學系助理教授

目錄

序章

說到「東亞」，你想到的是什麼呢？是把世界地圖攤開後，找到歐亞大陸，再將亞洲分成東西兩半的右半部？還是東南亞的上半部？又或是將亞洲分為東西南北中五部分，靠近方位偏東部的地方？

究竟「東亞」在哪裡？指的又是哪些國家呢？東亞世界又是什麼時候出現的？你是不是有滿滿的疑問呢？

對於「東亞」到底指的是哪裡，現今的學者們有不同想法。有的學者以「地理位置」層面來劃分，認為位於亞洲東半邊的中華人民共和國、俄國、韓國、日本、臺灣皆算在內；也有將東亞細分為東北亞、東南亞；有的學者則以「文化層面」來劃分，認為現今的中華人民共和國、臺灣、日本、韓國和越南地區，文化一脈相承，可以說是大家認知的東亞區域，而造成東亞文化彼此互動最重要的關鍵就是文字系統、儒家文化和皇帝制度。

然而，如果從文明的角度來看，文化是歷史發展過程一層一層堆積而成的，究竟哪一個文明才能代表東亞文化呢？

想要確認哪一個文明才能代表東亞文化之前，必須先來思考一個問題：東亞有哪些文化呢？你是不是立刻就會想「中國文化」、「日本文化」，或是「韓國文化」呢？過去我們經常用「國家」的概念思考歷史演變，比如說中國歷史、日本史、韓國史或是臺灣史等，但如果可以把過去的歷史壓縮成一部一小時的影片，你會發現現今我們認知中的「國家」，其實是到很後來才出現的。更早之前的這些地區有的是部落，有的則是王朝或是帝國制度。因此，想要了解以往歷史的發展，不應該從國家的角度來思考，而是應該從文化的發展和地理空間加以理解，才能精準的理解歷史的發展。

有水源是聚落和文明的開始

東亞歷史的族群發展主要有長江、黃河流域所發展出來的文化，旁及朝鮮半島、日本列島和中南半島。如果我們坐時光機，飛越到西元前四千年的東亞大陸，可以看到在長江下游與中游的石家河文化，或是黃河流域的龍山文化等地區的聚落。當越來越多人居住在同一個區域，會慢慢產生習慣，也會出現規則、管理等組織，也漸漸發展出文化。

像是考古學家便發現，位於長江下游地區的「良渚文化」已經栽培出稻米，而且當時已經發展出築田埂蓄水，類似現在的水田的設施。而水稻的種植可以養活不少人，因此也出現超過五百人以上的大型聚落，更發展出政治組織，管理眾人的事。良渚文化的大型祭壇，可能是宮殿式的建築，大型的祭祀用具玉琮等大量玉器的發現，顯示當時宗教也已經漸漸組織發展了起來。

讓我們把鏡頭往北移動，看向同樣具有豐沛水源的黃河流域。黃河中游一般稱為「中原」，被認為是中華民族起源的核心。在 1921 年由瑞典人在河南所發現的「仰韶文化」，便發現了大量的彩色陶器；無獨有偶，西元前 3000 年位於現今中國山東的龍山文化則出現大量的黑色精緻陶器。從考古的發現，可以證實此一時期出現了大規模的聚落，開始栽培農作物，也有畜牧和養蠶，考古學家更發現他們會使用動物的肩胛骨

占卜，這也顯示宗教組織在當時可能已經開始發展，有了組織，也就可能產生文化。

東亞的起點究竟從什麼時候開始？

世界上有幾個古文明，像是埃及文明、美索不達米亞文明、印度河文明，也都是從水源豐沛之地開始發展。相較之下，以黃河流域發展起來的「中原」文明在西元前 2000 年左右開始成長，是四大文明裡發展最晚的。

讀到這裡，你是不是覺得奇怪？明明我們常聽到「中華文化具有五千年歷史」，怎麼可能是最晚的呢？這是因為以往的歷史書記載著黃帝、神農、堯、舜、禹是古代的賢明君王，但卻沒有考古證據證實夏（約西元前 2205 ～ 1766）、商（約西元前 1766 至前 1045 年）、周（約西元前 1045 年至前 256 年）是中國古代最早的三個朝代；加上文字書寫的時代是在西元前 1200 年左右的事，考古學家和歷史學家對於「中國古代文明」究竟是什麼時候出現的有所質疑，因而開始進行各種考古活動。

一般學者將人類的古文明分為石器時代、青銅時代和鐵器時代，除了代表使用的技術不同之外，青銅文明還代表人類從部落制走向國家制，開始有較為複雜的政治組織，因為製作青銅器需要花大量的資源和人力，需要經過社會分工才有可能製成，而且青銅器又是當時政治和宗教上的重要儀式用的器物。

1928 年，考古學家在中國河南的北邊開始進行考古，發現了大量的青銅器和甲骨文，證實了商王朝的存在，也證實了甲骨文是目前東亞地區發現最早的文字。跟商文明同樣年代的古文明，在東亞大陸上還有中國四川的「三星堆文明」，製造了大量青銅人面像，各種大眼、闊嘴奇特的樣貌讓很多人以為是外星來的文明產物，其實是來自四川發生的文明。從這些考古文物研究可知，東亞大陸文明的起源與文化發展，並不是一枝獨秀，而是多元性發展，包括長江、黃河、朝鮮半島、日本列島

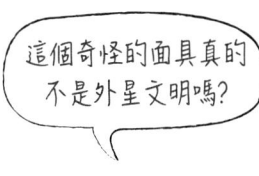
這個奇怪的面具真的不是外星文明嗎?

你可別「以貌取人」啊!

都有人群居住,長江文明和黃河文明甚至幾乎在同一時間出現。如果我們將目光移到東亞大陸的東北地區、朝鮮半島和日本,當地也存在不少的史前文化,而且不同族群間的文化也會相互交流或產生衝突。

以往日本與東亞大陸土地是連接的,人群之間相互交流聯繫。不過,令人驚訝的是,日本在於西元前 11,000 年製造了世界上最早的陶器,現在也是亞洲大國之一,但是為什麼當我們提及東亞文化起源時,卻常常忽略日本的發展呢?主要的原因在於,當時整個日本列島的人口並未超過二十五萬人。想要從小的聚落慢慢發展到聯邦、甚至到國家的程度,或是「文明」得有突破性的發展,才能稱得上「文明」代表,而日本一直到東亞大陸出現「帝國」前後時期,才產生了農業和煉銅等生產力的轉變,也才開始有不同的發展。

反觀在中國的這塊土地上,來自陝西的周人在西元前滅了商王朝,周人本來只是個小國家,但可以推翻商王朝,他們認為好的政府可以繼承「天命」,上天無所不在,貪腐的商王朝會因為自己的敗德而喪失政權,人民的不滿是王朝喪失「天命」的預兆。而且,周王朝持續了八百年的時間,在東亞的歷史上很少這樣的紀錄,加上重要的經典都出現在此一時期,究竟影響東亞歷史的文化發展和思想模式,以及東亞世界的起點又是如何,一切要從周王朝的歷史開始說起……

第一章

東亞世界的啟蒙時代

提及西方文化，不免聯想到希臘和羅馬所留下的文明。其實東亞大陸也有個文化形成的黃金時期，究竟是什麼樣的革命性思想發展，造就了今日東亞世界呢？讓我們回到思想的黃金時期，找尋東亞歷史發展的起源……

如果回溯人類的歷史，會發現大約在西元前 600 年到 300 年，世界各地都出現偉大的思想家，像是古希臘出現了許許多多探討人的存在本質，以及自然界運行道理的哲學家，例如蘇格拉底（Socrates，西元前 470 ～ 399 年）、亞里斯多德（Aristotélēs，西元前 384 ～ 322 年）等人，他們的思想是奠定西方文明的基礎；而中國當時正值春秋戰國時期，各種思想大爆發，最後演變為儒墨顯學，也為中國甚至整個東亞世界都帶來深遠的影響，從思想、文字、經典和制度留下了很多共享的遺產。

　　看似微妙的發展巧合，正是世界思想的黃金時代，德國哲學家雅斯培（Karl Jaspers, 1883 ～ 1969 年）稱為「軸心時代」——意思這個時期的革命性的思想發展有如滾輪的軸心，是形塑世界人類文化、思想、宗教的中心。今日人們仍相當尊崇的孔子、孟子、老子、莊子等思想家，都是在這段時期相當活躍的代表人物，他們的思想也影響整個東亞發展。

動亂時代醞釀出大思想家

　　讓人好奇的是，為什麼這段時期中國歷史上會出現這麼多傑出的思想家，以及為什麼中國歷史上的思想家影響力能擴及東亞？

　　這一切可能得從中國的「周王朝滅亡」開始說起。

　　西元前 771 年，居住在青藏高原東部的遊牧民族犬戎攻進西周的首都鎬京（現今西安），周幽王被殺，而周王室則東遷至雒邑（現今中國洛陽），從此變成了歷史上的「東周」，也就是後人所熟知「春秋與戰國時代」。不過，從西周演變為東周時期，並不是只有王室遷徙這麼簡單，政權和社會都經歷了劇烈變動。

　　原先在西周時期，周王雖然沒有實權，各地具軍事實力稱霸的諸侯好歹仍尊周王為共主，會共同抵禦外族入侵，而當時貴族地位高，只有他們能接受教育；但到了春秋戰國時期，諸侯開始各自稱王，最

後發展成七個獨立國家，彼此爭戰中原，原本的周王室已經無法支持世襲的貴族，貴族為了謀生，便開始教育平民，使他們有機會接受教育，在動盪中崛起。

當時政治與戰爭紛亂，各國的競爭激烈，誰都想要成為最強盛的國家，對各國國君來說，不管是貴族還是平民，只要有才能就可以當官。於是私人講學風氣興盛，許多思想家都提出看法，想要解決當時的問題，頓時百家爭鳴，最具代表性的儒、道、墨、法，成為這段思想黃金年代的核心。各派主張皆不同：

思想流派	儒家	道家	法家	墨家
代表人物	孔子	老子和莊子	眾多政治家，包含商鞅	墨子
特色	認為國君應施行仁政，教育上有教無類。	順應自然無為而治。	主張以法治國，以威權統御人民。	反對戰爭，兼愛天下。

雖然「儒學」可說是其中影響最深遠的思想，不僅在漢代時被列為國學，唐代後更逐漸擴散，影響東亞世界，各國文化都可以瞥見儒家思想的影子。但對許多國君而言，在動盪中，既直覺又便於施行治國的應屬「法家」思想，像是秦國任用商鞅，將法家思想實行的最澈底，不但加強控制人民的戶籍，還把全民都變成能戰鬥的士兵，因而成為當時最強的國家。

哈囉，大一統帝國

這些企圖解決當代紛亂的思想漸漸成為國君打造「帝國」的後盾，也成為各國國君治理國家時依循的想法，進而衍生出各種治理的制度和法規。

西元前 221 年，秦王嬴政統一天下，並提出「皇帝」的名號以彰顯自己的功績，自稱「始皇帝」。號稱「中原第一位皇帝」的秦始

皇，強力推行中央集權政策，為了方便統治國家，便統一貨幣、文字、車軌和度量衡，還打算連同人民的思想一起打包，因此他焚毀「詩、書、百家語和非秦國史書」，還把數百名儒生活埋，此即所謂的「焚書坑儒」。先不論種種控制思想、言論自由並限制書籍流傳的舉動好壞，這種高度集權的治理方式也被日後的統治者複製，並影響了未來兩千年的中原歷史。

雖然如秦始皇所願，他的確整合了整個國家，但這種大規模建設和嚴刑峻法讓人們吃不消，因此秦帝國才傳給二世皇帝，各地就因反抗不斷而瓦解，秦帝國壽命也只有短短的十五年即告終。在秦末大亂之際，劉邦脫穎而出，建立了國號為「漢」的帝國，定都長安（現今中國西安），史稱「西漢」。因為才剛經歷過大規模的戰亂，所以漢皇帝初期在政治上採用無為而治，與民休養，沒有太革命性的變化，直到第七任皇帝漢武帝時期，才積極的推動改革措施，並推行中國最早的選舉人才的「察舉制度」。

有別於秦帝國尚未成熟的任官制度，漢帝國的察舉制度是由地方長官在自己管轄的區域中考察、推薦人才，經過考核後任命官職；在學術上則罷黜百家，獨尊儒術，還成立太學，讓優秀的學生可以入

仕，這對後世漢文化中的教育、官吏選任、人才選拔都有舉足輕重影響。除此之外，為了籌措北征匈奴的經費，西漢也建立鹽、鐵、酒專賣制度，後來也影響了後世各帝國財政籌措方式。

戰爭居然是促進思想交流催化劑

不過，可別以為大帝國建立了各種制度，一切就能井井有條，順利往下發展，人民從此過著幸福快樂的日子。西漢末年歷經王莽的篡位，人民生活在一段戰亂的時期。其後西漢的宗室劉秀光復漢室，定都洛陽（現今洛陽），史稱「東漢」。東漢初期以儒術治國，然而中期之後由於幼主即位，母后臨朝聽政，又回到外戚把持朝政。等到皇帝成年後，想奪回控制權，發動周邊的宦官剷除外戚的勢力，這樣的情形周而復始，使得朝政敗壞。此外，東漢晚期由於天災不斷，人民生活困苦，動亂四起。為了平亂，給予地方官員兵權，造成群雄割據，帝國也逐漸走向滅亡。

秦漢這兩代歷史上的大帝國權力起落，看起來雖然像是每個大國都會有的興盛衰亡，然而它們在制度和思想層面皆由上而下的深植中原，並對後世帶來深遠影響。當這兩大帝國在東亞大陸的中部忙著崛起、建立帝國和滅亡時，周邊各國也因為戰爭，造成各地軍隊的移動，而將文化、思想傳播擴散到整個東亞世界，促成了東亞各民族的交流與政體建立。

不過，除了大規模的征伐，造成族群遷徙、文化融合外，當時頻繁的跨族群貿易也是文化交流催化劑。當時從長安前往歐洲的道路，因為沿線族群的密集的絲綢交易被稱為「絲綢之路」。漢武帝時期，任命使者張騫便是循著相似的路線出使西域，西方各國的文化如飲食、音樂、繪畫與雜技，也跟著張騫的探訪傳進長安。隨著這段時期的秦漢帝國與東亞諸族的交流，更重要的意義是——為他們帶來「國家」的概念，也因為與秦漢帝國的交流，使原來只有部族之間的聯

合，進而理解到政治的運作方式，也改變了政治組織。

文化強勢入侵，鄰居也開始建國

我們先把視角轉向東亞大陸的南方，在秦末大亂之際，現在的中國廣州地區曾成立南越國，領土直達今日的越南。百越族建立南越國，有時被征戰，劃入中原帝國的領土，有時則得以保持獨立。然而對於現今的越南人而言，他們國家的歷史更是建立在與中原地區帝國抗衡的過程中，也經常與中原強鄰的在軍事、政治與社會產生無可避免的連動關係。

當時東亞大陸北方則是由來自中亞的遊牧民族匈奴所掌控，他們日漸壯大，並對秦漢王朝造成威脅。秦始皇採取的政策是修長城抵禦外敵，而漢代在西漢初期由於國家疲弱，只能採取「和親政策」，便把皇族的公主嫁給匈奴領袖，以爭取休養生息的時間。

直到漢武帝時，國家開始變得強盛，才開始改採強硬的征伐手段並大破匈奴。到了東漢初年，匈奴分裂成南北分族，其中南匈奴歸附漢帝國進入長城以南，北匈奴則遭驅趕，向西遷移回中亞，甚至遠至歐洲。

而位於東亞大陸的東北方，今日韓國、日本在當時又是怎麼樣的景況呢？春秋戰國時，燕國的勢力就開始進入朝鮮半島，融入當地族群。直到秦王朝末期，有勢力的衛滿逃亡王險城（今日的北韓平壤），建立朝鮮國（史稱衛氏朝鮮），向漢帝國稱臣。但到了西元前108年，武力強大的漢武帝假借國境的爭端，發動海、陸大軍消滅朝鮮國，設置了樂浪、玄菟、臨屯、真番四郡，直屬漢帝國。這下漢帝國不僅只可以從陸地上連結朝鮮半島，甚至可以透過朝鮮半島，將文化傳播到日本。

文化也走「海路」傳播

由於樂浪臨海，漢帝國可以透過此地作為向朝鮮半島傳播文化的入口。因此漢帝國的商人會從山東蓬萊行駛至樂浪，有些甚至直接南下與朝鮮半島南部的族群交易，也因此打通了與日本的交流通路，當時的人以對馬島為跳板中繼站，前往日本的九州，與當時稱為「倭人」的日本列島族群做生意，也因著漢帝國的疆土外拓，儒家文化和當時的一些生活習慣、工具和技術也一起來到日本，甚至農耕技術也是由中國東傳朝鮮半島，再進入九州北部，然後傳向本州、四國等地。

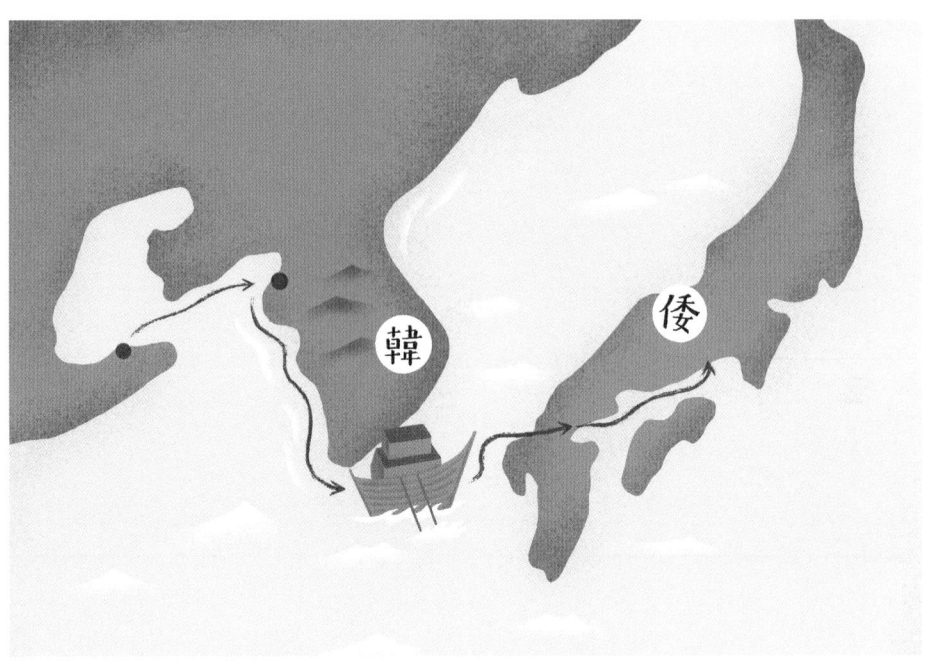

然而日本位於高緯度地區，並不是所有的土地都適合種作稻米，且在農業技術改良前，許多地方的收成是很不穩定的，因此當地人們轉向祈求上天的保佑，很多宗教的儀式更是圍繞農作收成而生，以稻米為中心，成為日本本土宗教神道的基礎。由中國傳入的稻米更因此成為日本文明的根源，掌管稻米的生長與管理人間的職權相繫，慢慢發展出日本的政治權力體系。日本也以對漢的商業交流為契機，在建

立農耕社會同時，社會群體也開始變化，並產生複雜的政治組織。西元 57 年，「倭奴國」向漢王朝朝貢，光武帝賞賜了「漢委（倭）奴國王」金印，但當時日本還沒有統一列島的政權，進貢的應該是日本列島上比較強大的部族。

就這樣，一開始東亞世界主要的文明蛋黃區在現今中國，從西周崩潰之後，春秋戰國的國家彼此征伐，諸子百家為了解決當時的社會問題，提出各種看法改造社會。最後以法家為基礎所建立的秦帝國統一天下，接續的漢帝國則維持四百年，形成中華帝國的基本樣貌。春秋戰國的百家思想和漢代儒家為主的思想在此一時期還沒有影響到周邊地區，但之後漢字系統、儒家思想和皇帝制度都會影響東亞各國的發展。

秦漢帝國除了在自己那塊土地上占足歷史代表性外，也開始擴散蛋黃區的文明，融合或涉入周邊文化。帝國不僅消滅、占領和殖民周邊的國家，也促成東亞的政治體制、形塑文化思想。然而，隨著東漢末年大量異民族進入東亞大陸，歷史又進入了新的篇章。

- 古代中國人吃什麼呢？現在北方的中國人普遍吃麥，但以往只有小米、蕎麥，到了漢代，才有小麥的傳入。
- 世界最龐大的陵寢是秦始皇發動七十萬人興建而成。這個深挖地下洞穴，用銅建造墓室，放著大量的珍奇珠寶，並用水銀建造成河川、大海，將墓室的頂部以滿天的星斗裝飾的陵寢隨著1974年所挖出的兵馬俑一起被人發現。那些與真人一樣高的地下世界守衛，震撼全世界，而這還只是秦始皇陵的一小部分。
- 張騫通西域帶回了酒杯、玻璃、胡蘿蔔、洋蔥、葡萄、胡桃等東西。
- 日本列島在一開始時存在著大小的部落，然後由「倭國」、「大和王國」漸漸的整合，成為後來日本早期國家的體制。日本人後來相信天皇統治是「萬世一系」，由神話到當下的天皇都屬於同一家系，但這是後來在七世紀才逐漸形成的國家意識形態。

大事紀

- 西元前1050年左右，周人滅商，建立周王朝，實施封建制度。
- 西元前770年，西周滅亡。
- 西元前770年，東周建立，分為春秋（西元前770～403）和戰國（西元前402～221）兩個時期，這也是諸子百家的時代。
- 西元221年，秦統一天下建立帝國。
- 西元前202年，秦帝國崩潰，漢帝國建立。
- 西元前108年，漢武帝消滅朝鮮，建立四個郡。
- 西元前139年，張騫出使西域。
- 西元8年，王莽以外戚的身分篡漢，改國號為「新」。
- 西元25年，東漢王朝建立。
- 西元220年，東漢王朝崩潰。

第二章

從混亂到輝煌的東亞世界

當漢帝國崩潰後，遊牧民族進入了東亞世界，但同時也帶入佛教文化，漢人開始往江南、朝鮮半島和日本遷徙，促成文化交流。直到唐帝國建立之後，穩定的政治環境，更讓東亞世界間的文化交流更加豐富。

西元 220 年，西方的羅馬帝國正從強盛掉入衰弱混亂的困境，類似的情況也在東亞大陸出現，東漢帝國崩潰，當時由於北方族群的入侵，讓歷史進入了新的篇章：東亞大陸大小政權分立、彼此間戰事不斷，即使偶有統一局面，但過了幾年又是內亂四起。不過，這樣的混亂不僅限於中原區域，連北方游牧民族也加入戰局，不同民族開始碰撞，直到下一個盛世──唐帝國出現才稍微消停。

在這個民族大融合的時代，如何統治性格相異的民族、在廣大的領土間讓不同文化與商業貿易流通繁盛，不僅是這個時代成功的關鍵，也形塑整個東亞世界初期的共同文化。相較於秦漢帝國，唐帝國更對東亞世界傳播漢字、律令制度、佛教和思想，成為東亞共同的基礎。究竟混亂的東亞為什麼反而促進了文化交流呢？讓我們先從那個戰亂的時代說起……

分分合合的東亞世界促成移民流動

在東漢之後，首先是魏、蜀、吳三分天下，也就是我們所熟知的

「三國時代」。不過，這個三分天下的局面並不長，其後魏滅了蜀漢，國政由司馬懿一族掌控，建國號「晉」，後來晉又滅了孫吳，天下終於短暫歸於一統。只是，僅僅維持了短短十多年，又爆發「八王之亂」，諸侯間相互殘殺，導致整體國力下降。

而居住於東亞大陸西面的游牧民族，包括匈奴、鮮卑、羯、氐、羌等，從東漢時期便開始移居到秦嶺淮河以北的華北地區，晉王朝在統治時也曾將游牧民族編為軍隊，這使得匈奴首領後來趁著晉王朝內亂時機，一舉滅晉，也造成後來的 130 餘年間，各個游牧民族開始在華北建立國家，相互征戰。直到 439 年北魏統一華北為止，北方就曾陸續出現將近二十個的不同民族建立的王國。

在不安的年代，當然也會有人選擇逃到別的地方。在西晉末年的「八王之亂」後，北方民族進入華北，大量的移民遷往朝鮮、日本和長江以南。朝鮮半島這個原本從漢代在當地設郡開始，便受漢族統治近四百年。直到 313 年，高句麗終結漢族政權建國，開始制定律法，建立位階制，擴張國土的範圍。而在北方民族南遷建國時，高句麗正好是太王統治繁盛時期，甚至擊敗朝鮮半島南方的百濟和新羅，還有倭人的船隻，迎來新的發展契機。

當時的日本地區則有來自中國山東、遼東半島的移民，將當時先進的技術帶入日本，促成日本文化進步。他們經由海路將青銅鏡、鐵、劍、絲綢和建築技術帶到日本。根據《三國志》記載，三國的「魏」更曾冊封古日本邪馬台國的女王卑彌呼為倭女王，卑彌呼也曾派人出使魏國，帶回銅鏡、五尺刀等。由此可見，日本受到中國皇帝制度的影響，君權制度興起，六世紀開始有「天皇」的稱號。

至於在東亞大陸上，北方鮮卑族的拓跋氏建立北魏，統一華北後就進入異族融合的發展。北魏孝文帝時為了要統治漢人，決定推動漢化作為治國策略。他在 493 年時遷都洛陽，開始一系列的漢化措施：禁止講原來的胡語，改用漢語，並鼓勵胡漢通婚。然而，北方的鮮卑

人對於孝文帝的政策有所質疑，發動叛變，北方再度陷入混亂。

　　另一方面，南方在晉亡後，陸續建立了宋、齊、梁、陳等幾個短命的朝廷，最後在 589 年，積弱不振的陳被楊堅領導的南下隋軍消滅。南北統一之後，終結了三百年的分裂局勢。然而，在這個大混亂時期，來自印度的佛教傳入東亞，先在貴族間流傳，而後到一般大眾，也成為當時東亞世界共同的文化基礎。

因為強大而成為中心世界的唐王朝

　　然而，隋代不到 40 年，便因為暴政而滅亡。代隋而立的唐帝國，傳到第二位皇帝唐太宗時，國勢獲得長足發展，影響力擴及東亞全區，不僅統一原漢族區域，還遠征蒙古高原，讓北方的族群臣服。唐太宗接受「天可汗」的稱號，成為草原地區與漢地的共同統治者。

　　西元 630 年，唐打敗草原上的突厥，設置了管理北方邊疆的機構「安北都護府」，將東亞大陸的北方納入統治範圍，管轄區域觸及現今的蒙古和俄羅斯境內。唐王朝是當時的世界帝國，往西穿過中亞，一直到當時的波斯薩珊王朝邊境，都是唐的勢力範圍。唐王朝靈活統御了東亞差異甚大的不同族群，除了往西往北，同時將影響力延伸到西南的吐蕃（今西藏地區）。

　　唐太宗同時統治以農耕為主的漢人，以及北方以游牧與採集為主的部落。如果用同樣方式管理這兩種截然不同民族的話，一定會有許多摩擦，於是他對兩種族群使用不同做法：漢人世界透過「律令制度」來統治，國家也是按照完整的法律制度運作，除了讓優秀的貴族子弟入仕外，同時注重考試選拔人才；對於游牧民族則透過「冊封」給予爵位，他們雖成為唐皇帝的臣子，但內政不受唐朝廷干預，民族本身仍擁有實質的權力。除此之外，面對西域的國家則以「羈縻」的方式管理——雖然名義上是唐的領土，管理方式還是按照各地原來的方式，承認當地土著貴族的權力，朝廷不改變他們的權力，並任用這些

王侯成為官吏，維繫邊疆的和諧與團結。唐的統治世界除了從中亞草原、蒙古高原、越南到東亞大陸東北方外，周邊仰慕唐文化的族群也會透過使節進貢，皇帝亦予以賞賜，授予唐王朝的爵位，名義上為唐的臣子，由此建立當時的世界秩序。由於唐帝國的強大，使得周邊族也開始學習漢字、漢傳佛教、文物和思想，唐時期的文化儼然成為當時東亞世界共通的文化基礎。

唐文化制度強勢影響全東亞世界

唐帝國維持了幾世的榮光，東亞交流也因此繁盛了逾百年。隨著唐在擴張勢力的過程中，也為東亞各國帶來巨大的影響，其中，朝鮮半島應該是最有感的地區之一。對唐而言，朝鮮半島是相對不容易征服之地，唐太宗曾經兩度討伐朝鮮半島的高句麗，都以失敗告終。朝鮮半島上高句麗、百濟和新羅為了抵擋來自唐的征服，相互結盟，也相互征伐，有時也和日本的大和王朝聯手，對抗唐帝國。原本以為可以將整個東北亞納入統治，沒想到新羅反而聯合大和王朝和高句麗的遺民，在 646 年將唐帝國的勢力驅逐出朝鮮半島。

然而，唐的入侵卻同時促成新羅統一朝鮮半島，並讓大和朝廷免於直接面對唐朝廷的軍隊。雖然唐帝國未能將領地延伸至此，但是新羅學習了唐的政治和法律制度，並且開始信奉佛教，而朝鮮半島的佛教信仰深受中文譯本的影響，同時還有很多儒家的忠誠與孝順的概念也傳入朝鮮半島上。

不僅朝鮮，日本也深受唐的影響，就連日本之所以稱為「日本」，也是受到唐代各種制度推波助瀾。然而，雖然日本受到唐的文化影響，卻不想成為唐的附庸，他們認為自己與唐朝廷是對等的關係。但是，當日本孝德天王在位時，想要振興國勢，卻以模仿唐代制度推動「大化革新」。以唐代的政治與律令制度為基礎，並依照長安城為藍本建立藤原京（今日本奈良），將國號定為「日本」。而孝謙女

大化革新

「大化革新」和「明治維新」是日本史上兩大重要的變革，前者學習唐文化；後者學習西方的政治與經濟制度，兩者都對日本影響深遠。七世紀的日本國政由蘇我氏所掌控，天皇沒有實質的權力。當時的聖德太子欣賞儒家制度，希望建立以天皇為主體的中央集權制度，派遣使節和僧侶前往隋學習典章制度，了解中央集權的政治制度，還有佛教的文化。

然而大貴族的勢力龐大，聖德太子的想法沒有完全落實到當時的政治制度，後來葛城皇子發動政變，消滅了蘇我家族勢力。其後孝德天皇即位，年號「大化」。在西元645年後開始一系列的政治改革，史稱「大化革新」。

孝德天皇學習唐代的政治制度，想要成立中央集權的國家，具體的措施在於廢除以往貴族的私有土地，將之收歸國家，同時改革賦稅制度，讓政府組織更有資源。就連藤原京也是依據長安的格局來規劃，當時長安在是東亞世界的中心，有來自東亞和中亞的不同族群，後來也影響到日本平安京（今京都）的城市規畫。

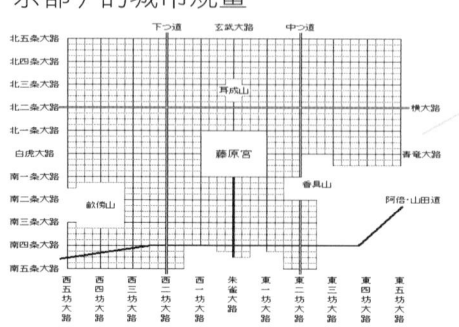

當時長安城市按照棋盤的方式規劃樣貌，也就是所謂的「坊市制」，藤原京也以同樣的方式規劃。

王則認為儒家的思想可以保護統治者和人民，要求貴族的家庭都要讀《孝經》與儒家經典，甚至還要學習書法、唐帝國的法律制度和傳入的數學。

　　除了物質上的交流與制度影響，其實此一時期對於東亞大陸文化影響最深遠的就是佛教的傳播。隨著唐帝國勢力範圍廣大，提高跨地域旅行的可能性。在長安的僧侶們為了了解佛教的原始教義，紛紛親自前往佛教發源地「印度」習法。其中最為重要的就是玄奘的成就，他跨越沙漠和高山，跋涉千里到印度最大的那爛陀寺學法五年。除了玄奘以外，義淨法師亦從海路，由廣州搭乘船隻前往印度習法。玄奘和義淨回唐之後，都積極翻譯佛典，讓佛經能藉由唐的影響力繼續外傳，為東亞的佛教交流作出極大貢獻。時至今日，你可以發現現今東亞的日本和韓國都有佛教的存在，都是在唐帝國時期傳播過去的。

唐流來襲，風靡全東亞世界

　　唐的首都長安是當時的東亞第一大都會，為文化進步的象徵，因此許多民族也都參考長安城的規劃建立首都。長安城的規畫，北面是

皇帝的居所和行政單位;城內的商業區分為「東市」和「西市」,東市和洛陽的商業有關,有很多高級餐館;西市則與絲路的商業有關,很多西域人在此交易。許多外國人想和唐做生意,在長安聚集,便帶來不同地區的文化,舉凡服飾、音樂、習俗,還有物產都在長安相互交流。當時在長安有波斯人、粟特人和來自朝鮮、日本的遣唐使和留學僧,不同民族的流行風尚也在長安流行,像是服飾、音樂和文化等,儼然成為一個國際之都。

　　結束了秦漢三百多年來東亞大陸混亂的局面,唐的國祚從 618 年維持到 907 年,同時成為北方游牧與南方農業世界的統治者。由於長安是國際大都市,很多不同的文化在此交流。唐代的政治與法律制度、文化、儒家思想、佛教因而向東亞世界傳播,讓東亞世界有共通的文明基礎。即使到現代,也有很多人將中國人視為「唐人」,甚至在世界各國有華人聚集的區域,就有「唐人街」的存在;日本人更將中國文化的風潮當作「唐風文化」。我們現在到日本、韓國、越南看到很相似性的文化,也大多是從唐王朝時期開始,可見其影響力。然而,為下一個時代揭開序幕的則是長期以來和東亞世界密切接觸的內亞世界,它將讓歷史又往不同的方向走去,而東亞世界的雛形也在此時漸漸成形。

- 隋代的第二個皇帝隋煬帝動員了一百萬的人力，修築大運河，連結了中國南方和北方的資源，後來成為攻打高句麗運送資源的重要管道。
- 從七世紀初到九世紀末，日本派遣十幾次的遣唐使到中國學習，每次的派遣人數都超過百人，最多達五百多人，學習各種學問。
- 中國唯一個女皇帝是武則天，武則天登上皇位的過程相當凶狠，掃除自己的對手，並且毒殺了自己的兒子。後來在690年改國號為周，自號神聖皇帝。
- 唐時期除了跟東亞世界頻繁的交流，跟印度也有很深的連結。玄奘法師645年從印度帶回大量的經典，這些經典也有部分流傳到日本，影響了日本佛教。

大事紀

- 280年，晉滅了孫吳，結束了六十年三分天下的局面。
- 291～306年，晉王室爆發「八王之亂」，骨肉相殘，同時讓華北的游牧民族獨立成小國家，占領長安、攻陷洛陽等古都。439年，北魏統一北方之前，華北陷入小國林立，相互爭戰的混亂時期。
- 493年，北魏孝文帝進入洛陽，實施大量的漢化政策。
- 589年，隋南下滅陳，統一天下，結束了三百多年的分裂。
- 618年，唐帝國建立。
- 629年，玄奘法師前往印度求法。
- 630年，北方游牧民族獻上「天可汗」的尊稱給唐太宗。
- 645年，孝德天皇推動大化革新。
- 646年，新羅統一朝鮮半島。
- 690年，武則天即位為皇帝，改國號周，為中國史上唯一的女皇帝。
- 755年～763年，安祿山發動叛變，其後由史思明接續，唐王朝國力由強轉弱。
- 907年唐帝國滅亡。

第三章

盟約擺平
東亞動盪時局

西元九世紀，唐末五代動盪的亂局，朝代易主伴隨著屠殺，讓人民渴求救世主的出現。到了十世紀，宋與鄰近民族之間的外交攻防成為國際間的大事。除了商業繁盛外，科技上的三大發明火藥、羅盤、印刷術，更深深影響了世界史的發展。

西元十世紀的東亞世界變化很大，過去輝煌的唐帝國建立起來的國際秩序蕩然無存，轉為紛亂的世界，就像是春秋戰國時期，群雄並立的局勢。在那個年代，戰亂、政變頻繁，是大家集體的印象，人民的內心充滿恐懼，祈求停戰，更希望有英雄出來解決民生問題。

後周大將趙匡胤以陳橋兵變，自行稱帝，建立宋帝國，然而這個時期宋朝廷處境很困難，因為東亞世界是「英雄」並立時代，周邊的外族已經不再是未有組織、未開化的「野蠻人」。當時有契丹建立遼國、党項族建立的西夏，都是擁有足以挑戰宋帝國力量的強國，他們以盟約建立關係，透過外交和談、說服、威脅等談判，維持長年的和平穩定，但是這些在中原周圍的強國，全都對中原這塊土地虎視眈眈。

當大家都想要挑戰「入主中原」……

在當時那個混亂的時代，「入主中原」象徵著成為國際社會的霸主，能有足夠影響力，號召群雄。因此，十世紀後的東亞各國，像是宋、遼、西夏與金國，個個都企圖掌握中原地區，他們外交上彼此互相制衡，爭取周邊小國的朝貢，例如：宋遼之間便長年爭奪對高麗、西夏的主導權。

但對於宋帝國而言，其實還面臨軍事掌握的內憂。當宋太祖趙匡胤以「陳橋兵變」結束五代紛亂的局面，但迎接他的卻是自唐末以來，各地藩鎮掌握政治與軍事權力的問題。因此他決定以「收兵權」的方式，將地方軍事力量，包含兵權、地方官吏、財政集結到中央，並由中央派遣知州、知縣等文官治理地方，而且知州、知縣兩者皆是臨時差遣的職位，他們到任後，還是需要與地方勢力合作，才能順利管理地區；可是地方長官的調任大權掌握在皇帝手上，這種中央集權的手段，強化了帝國中心的權力。此外，為了加強中央的力量，宋太祖在各地設置「轉運使」，負責將各地的財政經費，運送到京城，再由中央統一分配地方財政，自此地方的財政無法獨立運作，全都必須

陳橋兵變與杯酒釋兵權

「陳橋兵變」歷史學家多半認為這是一場兵變，這場兵變幾乎沒有造成傷亡。趙匡胤出兵陳橋前，京城人民早就已經知道將要發生的事情，政變的謠言滿城飛，只有皇城裡的官員毫無所知。趙匡胤更是早將自己的母親安置在京城外的佛寺。

從史料可見，趙匡胤擁兵自重，假稱遼國軍隊來犯，最後在陳橋驛站，受到軍士擁立為王，披上黃袍握重兵回到京城。而後周的官員沒有抵抗，宰相更從袖中取出即位詔書，一切如同電影情節順暢的敘事，這是宋代建國的故事，也是唐末五代亂世中發生的第五次政變。

成為開國皇帝之後，宰相趙普提出建言，希望宋太祖趙匡胤約束與自己出身入死的將軍。趙普說：「五代十國時地方的武力太強，中央太弱容易造成政治上的動盪。

趙匡胤說：「這些兄弟都是與我出生入死絕對不會背叛我。」
但是，宰相趙普反問：「那你又何嘗不是這樣當上皇帝呢？」
後來，趙匡胤宴請擁兵的將軍，還對他們說：「我的位子總是坐得不安穩，如果又有一場兵變，我的位子又可能會換人，你們說怎麼辦？」當場所有人聽到這句話，只覺得驚悚、冷汗直流，趕緊求趙匡胤對他們網開一面。

宋太祖趙匡胤最後承諾給予他們榮華富貴，互相結為姻親的約定，隔天將軍們便集體告老還鄉，這就是歷史上有名的「杯酒釋兵權」。

仰賴中央的分配，形成中央較強而地方較弱的帝國組織。

　　解決了內部的問題後，還有外患等著。宋帝國首都缺乏天然的山脈屏障，疆域又與北方的遼國及西北方的西夏接壤，因此朝廷便派遣重兵守護邊疆，並設立以軍事堡壘作為邊界。防範西夏與遼的入侵，就成了守護邊疆最重要的事情。畢竟，周邊國家的共同願望都是希望能來到中原，成為天下霸主，宋帝國想要好好守護自己的疆域可不簡單！不過，雖然入主中原人人都有希望，但個個都沒有把握，似乎沒有任何國家可以順利一舉征服另一個國家，並取而代之。因此，十世紀到十三世紀之間，在東亞地區宋、遼、金與西夏的國際競合，成為東亞世界舞臺的重點。

以退讓換來百年和平的「澶淵之盟」

　　由於無法強攻，因此邊界防守就顯得格外重要。然而長久以來，東亞的「北方、西北邊界」多半是變動的，因為歷代都沒有與鄰近部族劃定明確的界線，彼此一直都是靠著自然景觀，或是設置軍事設施、碑文、烽火臺作為邊界。

　　不過，這對長久以來多以逐水草而居的方式為生的草原民族來說，他們已經習慣用掠奪或是移動占領等方式來尋找合適的家園。當宋帝國守著某一座軍事設施，說設施以內就是宋帝國境內，草原民族可不一定會聽，畢竟在他們建立國家之前，就是靠掠奪、談判、移動、和親的方式與漢民族互動。

　　因此，對宋朝廷來說，治理邊界並不容易，因為細微的邊境人民衝突，很容易變成國內的政爭及與強鄰之間的危機衝突，容易引發戰爭。在十～十一世紀間，對北宋威脅最大的鄰國便是遼國。北宋與遼國之間的折衝地是華北平原，直接面臨如何對抗游牧民族掠奪的特性以及快速移動的騎兵。

　　在宋代初期，宋太宗曾經以木柵與軍屯抵擋游牧民族騎兵，十世

紀大抵動用駐邊士兵導引河流，開闢水塘溼地，在海拔高的地方種植樹林，設置絆馬索、拒馬等障礙陷阱作為屏障。到了十一世紀，各個族群已透過積極畫界、立界的方式，與遼國、西夏確立彼此版圖，促進國家檔案歸檔與地圖學的發展。當兩國之間有邊界議題的時候，國家文書檔案成為外交使節援引先例的重要權威。

邊界的問題一直到了簽訂「澶淵之盟」之後，才有了重大的轉變。在宋真宗時期，遼軍大舉南侵，當時宋帝國的內部出現棄守與守城的爭論，宰相寇準力請宋真宗親征對抗遼軍，其後憑藉著精良的武器技術，宋帝國擊殺遼軍將領。

最後雙方派出官員，以自然景觀白溝河為界停戰談和，簽訂澶淵之盟。宋遼之間建立友好關係，君主更互稱兄弟，約好彼此是兄弟之國。雖然每年宋帝國必須給予遼國「歲幣」絹二十萬匹，白銀十萬兩，但也約定好，兩朝的城池依舊守存，已經蓋好的壕溝等一切如常，但不再新建碉堡，或開挖河道、壕塹等。

邊界的概念從此變了，雖然壕塹、界碑、碉堡、設定好的軍事措施仍是邊界看得見的防線，而實際上，更重要的是，兩國之間共同在

邊境約定好的「劃界」才是真正的國界。

　　這個時期的歐洲仍然處於小眾、區域性的莊園經濟，而相較之下，東亞區域已經出現國家界線的概念。這項盟約也是位於中原的王朝首次對外簽訂的對等條約，況且宋、遼之間互為兄弟，更是外交重大的突破。澶淵之盟也創下用談判解決戰爭問題的典範，開啟以歲幣創造兩國間的商品交流，國家之間互通有無，更讓宋遼之間維持了百餘年的和平。

　　有歷史學者研究指出，這份「盟約」建立了一套受到東亞漢民族與草原帝國承認的新規則，他們互相派遣使節出使，無形中也促進兩邊人才的交換。其次，許多漢人也移居在遼國的區域，甚至擔任官職，負責照應兩國之間的往來。這是在歐陸國家進入東亞世界之前，東亞政權上首次出現多元民族互相訂約調停的國際體系。

　　在那個年代，國際之間的默契能以盟約為基礎、互相討論，處理國際議題，更是個劃時代的表現。簽訂「澶淵之盟」，看似要花錢、又彷彿紆尊降貴的犧牲，但實際上對宋帝國來說，可是花了小錢，卻換來百年和平，以及老百姓安穩的生活，不得不說，宋真宗可是個能夠看懂國際局勢，並穩住局勢，成為以和平方式處理紛爭的贏家。

發展內在的意義

　　說到宋代，必定會提及他們的三大發明：火藥、羅盤與印刷術。這三項發明深深影響世界的轉變，蒙古西征利用火藥打破西方莊園制度，而羅盤則影響到西方重要的大航海時代、印刷術更結束教堂壟斷中世紀知識的夢魘。從這三項劃時代的技術發明，可知宋帝國無疑是當時世界最重要的國家之一，總人口將近一億人，也是世界人口最多的國家。

　　國家經濟命脈來自於江南地域的商業貿易，貿易活動仰賴運河而生。宋帝國也開始一種新飲食潮流，他們開始大量吃米飯、喝茶、吃

熱炒，晚上會逛夜市，禮佛時會燒香，這些我們以為是中國傳統文化，在宋代卻是初發展的新潮流。

不過，既然宋代是這樣一個引領風騷的帝國，為什麼這份榮耀卻沒有延續到後面的帝國王朝，讓中國繼續跟上世界潮流，一路保持領先的發展地位呢？有學者認為最關鍵問題可能是宋帝國時期的人口壓力，成為國家繼續進步的阻礙。因為所有的糧食產量、科技的進步，除以人口數帶來的需求，一切變得微不足道。

雖然宋代王安石變法便是想要透過改變政府的大改革，解決帝國經濟、民生問題。然而宋初以來，為了維護國界、禮遇文人，出現大量的文官，造成冗官、冗員、冗費的問題，就算王安石想轉變社會現象，提升國家行政的效能，但是最後仍以失敗收場，往後帝國的菁英不再提出大改革想法，而且政治黨爭也讓菁英士人在南宋時不再積極參與中央的政治。

王安石新政失敗與北宋帝國覆滅，讓中國文化對外在政治、航

運、技術革新等問題，出現了重大的轉向。南宋以後的菁英，注重在日常地方的生活實踐，比起北宋時的菁英，他們更重視造福鄉里，參與地方的公共事務，扮演組織地方武力與社會救濟的角色，也更注重個人內在的修養。因此，除了人口數的問題外，這種只重視個人在地方扮演濟世角色，用心地方事務，卻也成了近代中國社會的緊箍咒，致使缺乏用大視角思考社會，只重視個人學術、地位成就等，也讓整體社會發展不彰，成為各地自成特色的鄉土中國。

不過，不可抹滅的是，在十世紀到十三世紀的東亞世界舞臺上，「澶淵之盟」創造國與國對等的外交舞臺，讓遼、金、西夏、宋紛紛以盟約的方式維持和平與軍事，發展出新的國際秩序。這時期的東亞舞臺上沒有哪一個國家是最強的，而是各國透過許多外交使節處理國事談判與妥協。這類的「盟約」開啟東亞世界進入嶄新的秩序，國與國之間的國際秩序體系，形塑新的東亞世界史樣貌。

- 夜市是從宋代開始出現的，當時的市集可以讓人從早逛到晚也不膩，而且現在的辦桌、熱炒文化也是從宋代開始。
- 羅盤為蒙古人戰爭、商業貿易、旅行，提供確定方位的新方式，用指針紀錄改變了世界的潮流，邁向海賊王的大航海時代。
- 澶淵之盟確立了東亞世界多元的平等外交關係，也是十一世紀東亞開始，以外交盟約取代戰爭的和平創舉。
- 宋代利用看得見景觀像是木柵、軍事壕溝、堡壘、埤塘等作為界碑；而看不見的界碑則是官方的地圖文書，那是外交談判劃界的重要籌碼。

大事紀

- 907年，朱溫（825-912）篡唐，建立後梁（907-923）。自此北方陷入戰亂，出現短暫的國祚的地方政權。
- 936年，高麗統一朝鮮半島。
- 960年，後周（951-960）殿前都點檢趙匡胤（927-976），以「陳橋兵變」建立宋帝國。
- 1005年，宋、遼兩帝國簽訂澶淵之盟，以白溝河為界，互相承認對等的國際關係。
- 1038年，李元昊建立西夏國。
- 1071年，塞爾柱土耳其人擊敗東羅馬帝國，俘虜東羅馬皇帝，中亞成為土耳其世界。
- 1127年，靖康之變，北宋滅亡。宋高宗趙構在河南即位。1129年定杭州為臨安府，為南宋首都。
- 1206年，成吉思汗鐵木真統一蒙古草原。
- 1271年，大元帝國建立。

第四章
戰鬥力滿點的草原民族來了

緊鄰東亞的「內亞」地區，是一片草原與荒漠，那裡「風吹草低見牛羊」的遊牧生活及景色與中原內城牆、熱鬧的市集截然不同，卻因為內亞掐住東西交流要道，加上強大的草原民族崛起，對東亞歷史產生舉足輕重的影響力。

內亞（Inner Asia）是一片草原沙漠地帶，包括北亞的蒙古國、中國東北、中亞新疆、連結俄羅斯西伯利亞至歐陸的區域，以往總被認為主要是草原民族或游牧民族生活的地帶。內亞地區的族群一直以來是移動最快速，戰鬥能力最強，甚至還曾是建立過人類最龐大帝國的地區。正因為內亞的地理位置連結著東西南北各區，因此內亞世界對於東亞的影響很大，一直是東亞世界無可忽視的一部分，兩者間的關係更是千絲萬縷。

　　內亞的游牧民族的生活，可不是我們所想的吹吹風、牧羊、漫步在草原上的浪漫情節，他們生活的環境是貧瘠的草原，哪兒有養牲口所需的水草，便要往那裡移動。因此如何依賴便捷的「移動力」，逃避自然所帶來的風險，帶著牲口隨著季節有系統性的移動是重要的事。具有機動性的遷徙能力和擅長騎馬射箭，讓他們得以在草原、沙漠中，尋找出存活的路徑，可見其韌性與耐力絕對不一般！

　　此外，可別小看這片看似貧瘠草原與沙漠的帝國邊陲地區，這裡可是扮演東西文化、貿易等交流的重要管道，也出了不少「有力」的民族，像是漢代的匈奴、魏晉時期的拓跋氏，以及十世紀後與宋帝國分庭抗禮的遼、西夏、金、蒙古以及往後的清帝國，都可以算是廣義的內亞民族。

東西交流的開始

　　東亞與西亞的交流可以回推到東亞世界文明初始的商、周王朝説起。當時商周王朝就開始與內亞有所互動，中原地區在戰爭中所使用的馬車影響著軍事技術發展以及勢力崛起的要素，而這些軍事技術便是透過草原的通道相互交流而來。

　　如果我們回顧東亞的歷史，秦漢帝國崩潰之後，大量的草原民族進入東亞大陸，可以説當時內亞世界主宰著長江以北的歷史。尤其在十～十三世紀，遼、金、蒙古建立政權的草原帝國與清帝國，有學者便認為他們是入主中原的草原民族所建立的王朝，所以稱呼他們為「征服王朝」，他們一方面吸取漢化的經驗，另一方面又保有草原民族「善戰、機動」的特性。其中，最有影響力的莫過於蒙古帝國，其統治策略不僅影響到中原地區，甚至擴及到全世界。

成吉思汗打造橫跨歐亞強國

　　蒙古帝國的創建者成吉思汗是內亞史上，甚至是世界史上最重要的可汗。原名鐵木真的成吉思汗，九歲時，父親就遭人下毒而亡，一家人遭到族人的遺棄，過著顛沛流離的生活。鐵木真後來在結義兄弟與追隨者的協助下，在 1206 年統一蒙古高原的各個部落，建立大蒙古國。成吉思汗打破原來部落的組織方式，將蒙古人組成一支支組織嚴密的軍隊。憑藉著各支軍隊，開始對外強烈的擴張。

　　然而，蒙古人為什麼能從草原上崛起，卻一直是個歷史謎團。有些學者認為是氣候變化，讓草原上缺乏資源，才讓蒙古人只得往其他區域發展；有的學者則認為是因為成吉思汗個人的領袖特質，他相信有天神下令要他征服世界的使命，因而促使他引領蒙古人往前衝。

　　1209 年，大蒙古國進攻西夏，迫使他們歸順納貢。兩年後，為了要報祖先之仇，首次攻打金國，卻失敗了。1215 年再度攻金，兩次的戰役都讓金人蒙受大量的損失。而成吉思汗卻也看到了絲路具有重大

的商機，因而也想要分享絲路帶來的商業利益，便派遣使節團拜訪花刺子模（今日烏茲別克一帶），但是使節卻慘遭花刺子模殺死。使節被殺當然讓成吉思汗下不了臺，為了報仇，成吉思汗 1220 年開始揮軍西進，先攻進中亞的花刺子模，摧毀沿線的城池，更席捲中亞、伊朗和阿富汗等地區，讓帝國領地擴張到波斯灣。1223 年，成吉思汗的手下大將速不台和哲別更為了追擊花刺子模的君主摩訶末，進入欽察草原，並且擊敗俄羅斯與欽察聯軍。

　　雖然成吉思汗在 1227 年揮兵攻打西夏國時過世，但他的子孫繼承著成吉思汗的大業，持續擴張蒙古帝國。繼可汗位的窩闊台汗便在1233 年攻破金國首都開封，並在隔年滅金。但蒙古人的鐵蹄沒有因此停下腳步，開始將矛頭轉向西邊的俄羅斯與歐洲。

　　1240 年，蒙古的軍隊攻陷俄羅斯的大城基輔，接著入侵現今匈牙利和波蘭區域，讓整個歐洲大為惶恐，深怕下一個遭殃就是自己的國家。然而，蒙古大軍卻因為聽聞窩闊台汗過世的消息，因此急忙撤回蒙古本部，推選新的繼承人，才停止征歐的戰爭。

　　後來由窩闊台汗的長子貴由當選大汗，然而，他在位不久後也過世。短時間替換主事者也讓蒙古的朝政陷入動盪，無法專心向外擴張，直到 1251 年蒙哥繼位大汗之後，才重新向外發展。蒙哥汗與其二弟忽必烈南征大理與南宋，並且派三弟旭烈兀西征阿拔斯王朝，1258年迫使報達（今巴格達）開城投降。

　　但就在蒙古軍準備入侵埃及的馬穆魯克王朝前夕，蒙哥汗駕崩，大軍只得再次暫停攻伐。不過，接下來新任的大汗忽必烈，則帶領著蒙古人邁向新的生活樣貌。

從蒙古帝國到大元統治之路

　　當時的蒙古帝國幅員廣大，西邊到波蘭和匈牙利，南邊與印度接壤，東邊到朝鮮半島，整個華北、華南和西藏都納入其中。然而，這

麼大的區域，並不容易管理，因而後來逐漸分成四大汗國：東亞的元帝國、中亞的察合台汗國、窩闊台汗國、中東的伊利汗國與俄羅斯的欽察汗國。

　　忽必烈為了要征服整個東亞大陸，他先在中都的郊外（現在的北京）建立新的首都大都，採取「大元」為國號，源自《易經》裡的「大哉乾元」。他在 1276 年成功征服南宋，然而對於越南與日本的征討卻都失利，當時元帝國統治了中國本部、蒙古、東北、西藏、緬甸和朝鮮半島。

　　忽必烈建立了一套類似軍區的組織加以管理，大都設置行政部門中書省，地方分為十個行中書省加以管理，這也是後來中國行省制度的起源。行省的長官幾乎都由蒙古人出任，不必經考試制度篩選。

　　此外，他們將不同種族的人設定階級，其中蒙古人是帝國裡最高的階級，負責行政管理工作；其次是色目人，主要是西亞地區的多元族群，善於經商，他們更將東亞和西亞陸上與海上交易串聯起來，讓東西貿易更加通暢，也能決策軍國大政。在元帝國第三個階級是「漢人」，這裡指的是以前由金國統治下的不同族群人民，包含女真、契

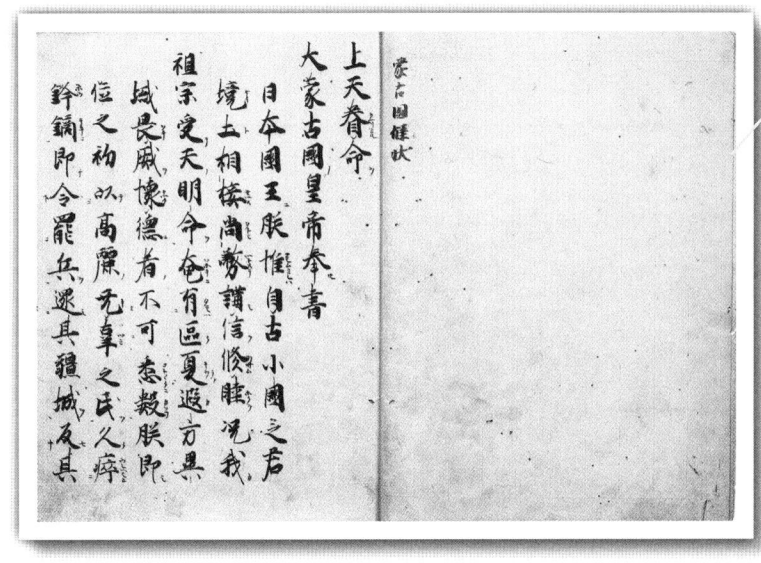

蒙古國皇帝忽必烈給日本的國書，在國書中，忽必烈在國書開頭自稱「大蒙古國皇帝」，並在內容中以「朕」自稱。此時距離他 1271 年將國號從「大蒙古國」改為「大元」還有五年時間。

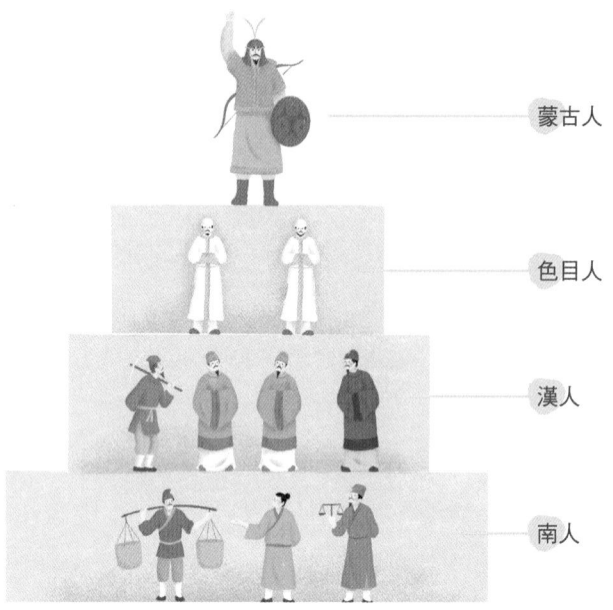

蒙古人

色目人

漢人

南人

丹和長期居住在中國北方的人；最下一等的「南人」是以前南宋統治下的漢人，地位最低。

不僅是各族群劃分階級，蒙古人更將「漢人」的身分區分成十個階級，階級世襲。官僚處在金字塔的頂端，僧侶是第三位、第四位是道士，接著大致是工匠、獵人、農民等；處於社會最底層的第九位是儒者，最後一個是乞丐，由此可見，以往在中國朝廷受重視的儒者在蒙古社會上是如何被賤視。不過，後代歷史學者卻也提出質疑，認為這種分階說法有待商榷。

在管理上，忽必烈篤信藏傳佛教，並且迎請八思巴作為國師，而他所制定的文字成為官方文字。不過，雖然元帝國雖然用蒙古語作為官方語言，但帝國當中漢文和回紇文並列，政府運作也是三種語文並行。除此之外，元朝廷對於宗教採取尊重態度，允許子民信仰不同的宗教，對民間信仰也不特別多加規範，部分受到大汗承認的宗教還享有免賦稅的特權。

然而，這個旋風式征服歐亞大陸，讓鄰近國家聞風喪膽的帝國，

在中原掌權的時間卻只是在東亞史上曇花一現，還不到一個世紀，便開始瓦解。十四世紀中期，元帝國面臨了瘟疫與天災的侵襲，造成政局不穩定，各地的蒙古汗國逐漸分崩離析。1368 年，明軍進入大都，元順帝北走蒙古，自此元帝國失去了對於漢地的統治，但仍舊控制蒙古本部。

　　元帝國在東亞大陸留下了不少的影響，像是定都於大都（今北京），讓中國歷史的發展從此以其為核心。由於元代將東亞大陸與內亞世界的連接了起來，一年 365 天的阿拉伯曆法傳入東亞，天文學家郭守敬因而製作了正確的「授時曆」，後來還傳播到日本。東亞世界的羅盤、火藥和繪畫也影響到了中亞的伊朗和阿拉伯世界，兩相交流的結果，將各自最精華的文化往外傳播，也讓世界文明發展更往前推進了！

為東亞與歐洲世界牽起連線的內亞民族

　　跨越歐亞的蒙古帝國，在政治上形成跨越疆域的一個整體帝國；交通上，在連接至帝國的道路上建立驛站，成為軍事與商業往來的據點；而文化上，跨越歐亞的疆域，除了讓東西的陸路交通更為通暢外，更加速宗教、文化以及科技的交流，刺激西方世界對神祕東方的好奇心。

　　由於蒙古帝國橫跨歐亞，此時期歐亞大陸的陸運和海運都很發達。當時的杭州、泉州和廣州人口數都超過一百萬人，泉州還曾經是世界最大的港口呢！航運從東亞開始，前往東南亞、印度和西亞的貿易都相當盛行。

　　有學者認為，蒙古人建立了所謂「中國內部族群組成」想法，以往中國人對此定義較為模糊，但是因為出現一個強烈的外敵，內部逐漸有個統一的共識。而蒙古人在政治制度上，將國家教育與科舉制度中的道學簡化，成為中國的正統學問，並且被後來的明清兩代繼承。

世界第一大港泉州

宋元時期不僅內亞與東亞世界透過陸路交流，海上間的交易也相當頻繁。當時有一條海上絲綢之路，從刺桐（今日福建泉州）通往東南亞、南亞和西亞，歐亞之間的貿易十分頻繁。刺桐與當時歐亞非交界的大港亞歷山大港齊名，它的發展主要跟中唐以後南方的開發有關。

由於南方山多，透過船運溝通東亞海域上的重要港口較為方便。宋代開始在泉州設置「市舶司」管理稅收，元帝國也承襲相關的制度。泉州大量外銷中國生產的絲綢、陶瓷和茶葉，同時也進口了外國的香料、胡椒、象牙和珍珠等奇珍。因此很多人到此交易，也帶來了不同的宗教信仰，像是伊斯蘭教、基督教、佛教和印度教等。然而，熱鬧的泉州後來仍沒落了。因為元明之間的動亂，以及明代初期實施海禁以防止倭寇，逐漸讓泉州風華不再。

泉州市舶司遺址。市舶司是中國古代的海關單位，負責泉州港海外貿易事務管理。

內亞民族進入東亞之後，必須以少數人統治東亞的多數人口，更要在漢化與保有自己的文化與習俗之間擺盪，像是要維持單于和可汗的稱號，還是接受中國式皇帝稱號等，兩者之間的影響是互相的，他們並沒有被完全漢化。除此之外，由於元的制度帶有原來蒙古部落的色彩。元代統治中國本部後期，統治機構疊床架屋，而且權臣控制朝政，讓明清兩代在元的失敗基礎上，改變統治方式，將制度加以簡化，並且賦予君王專制獨斷的權力，才會有後來皇權集中化的傾向。

然而，從世界史的角度來說，大蒙古帝國讓整合型的國際社會短暫的出現，締造出空前絕後的創舉：連結歐亞陸路國家，開發海路，在保有各國政治、宗教自由下，成為世界的統治者。走在時代尖端並不容易，也許因為沒有前例，最後這個跨越歐亞的帝國還是崩潰了，但這個內亞的遊牧帝國所留下的故事，值得我們再仔細去探究。

歷史小事報你知

- 1258年，朝鮮的崔氏政權被推翻，成為元帝國的屬國，也因此傳入了很多蒙古的生活習慣，像是吃牛肉和棉花栽培，影響力至今仍然可見。
- 忽必烈兩次攻打日本，都遇到風暴而造成攻擊停止，日本人借用《日本書紀》中的「神風」（颱風）說明神助。後來在第二次世界大戰期間，日軍的敢死隊也稱為「神風特攻隊」。
- 烏克蘭和俄羅斯的恩怨情仇與和蒙古人遠征有關。維京人奧列格（Oleg，845～912）九世紀末期從北歐南下之後，占領了基輔，建立「基輔羅斯」（Kievan Rus）。十一世紀後，基輔羅斯統治烏克蘭、白俄羅斯、烏克蘭東部和俄羅斯西部，成為個強大的國家。但蒙古人的西征卻讓這個國家澈底滅國，也讓基輔成為了一片廢墟。從基輔逃亡的羅斯人到以往是邊陲的莫斯科定居，讓莫斯科成為俄羅斯文化的重心。

大事紀

- 1204年，建立「怯薛制度」，以十進位編列軍隊，作為私人保鑣以及照顧家族成員及財產，大約有一萬人的私人軍隊。
- 1206年，鐵木真統一蒙古草原部落，形成強大的部落聯盟，在忽里勒台大會議獲得草原的領袖，制定軍事及外交政策。
- 1216～1218年，蒙古入侵西遼，西遼於1218年滅亡。
- 1218～1223年，蒙古第一次西征。
- 1218～1244年，耶律楚材入仕元帝國，協助建立典章制度。
- 1229年，窩闊台成為大蒙古帝國第二位大汗。
- 1234年，金王朝滅亡。
- 1235～1241年，第二次西征進攻歐洲。速不台、拔都、貴由、蒙哥及不里等人領軍。
- 1251～1259年，蒙哥汗即位是蒙古帝國強盛時期，進行帝國改革，征服地人口調查以及對外擴張。
- 1252～1260年，第三次西征。1260年進攻埃及失敗，駐守敘利亞的蒙古人死亡。
- 1279年，忽必烈南征，南宋滅亡。

第五章

從陸運轉換到海域貿易時代

大航海時代來臨，葡萄牙、西班牙等海上國家來到亞洲，積極向中國與日本尋求貿易機會，「東亞海域」儼然成為最活絡的貿易場域。不過，為什麼東亞各國當時卻紛紛採取鎖國、海禁政策來面對這些外來勢力呢？

十五至十七世紀，大航海時代來臨，葡萄牙、西班牙等國積極往外探索，除了擴張領土勢力外，他們同時也在尋求各種貿易資源。因此，他們來到亞洲後，當然也不會放過探索這塊新開發領域的機會。

不過，雖然看似能與外國交流、做生意賺錢，但是對當時的明帝國而言，卻有其他考量。明太祖朱元璋為了防止海寇，因而實施海禁政策，但海上走私貿易依然盛行。

世界最強大的艦隊啟航

到了明成祖時期，從明成祖永樂到明宣宗宣德初年，來自雲南昆明的鄭和（原姓馬）奉皇帝之命，從 1405 至 1433 年，共 28 年的期間，一共出洋七次，其中永樂時代是六次，宣宗時代一次，船隊去到東南亞與印度洋。

鄭和下西洋是明代中國相當重要且特殊的探險活動，每次出行都在兩萬到三萬人之間，帶頭的大船據稱長一百五十公尺、寬六十一公尺、重兩百噸，是當時世界上最大的船。大船六十多艘，旁邊還有較小的船隻，加總起來共兩百多艘，浩浩蕩蕩，由此反映了當時中國的造船技術優良、天文與航海地理學知識充足，人員補給完備。

然而，雖然鄭和下西洋每次派出上百艘船隻、兩萬多人，進行規模龐大的海上探險，但其目的並非全以貿易為導向，因此也未能與南洋諸國建立較深厚的貿易網絡。然而作為一個實施海禁的國家，為何會發動如此具大規模且歷時長久的航海探險活動呢？歷史學者推斷可能的原因包括：首先，明成祖朱棣為了尋找在「靖難之役」中失蹤的建文帝朱允炆。明太祖朱元璋之後，由孫子建文帝即位，在其任內實施削藩政策，漸弱諸侯們的勢力，引起燕王朱棣（朱元璋四子）的反抗，最後取得王位，但因遍尋不到建文帝朱允炆下落，據聞他已逃亡南海西洋諸國，有學者認為這極可能是鄭和下西洋的最主要原因；其次，也可能是為了肅清元末明初以來，占據東南沿海的海盜與海商；

第三個原因則可能是與南海諸國進行貿易往來，並宣揚明帝國國威。

第一次鄭和下西洋是在永樂三年（1405 年），他從南京出發，在蘇州「瀏河港」出海，經安南（今越南）至印尼爪哇與三寶壟等地；第二次是 1407 年，行經占城、蘇門答臘、爪哇、滿刺加（麻六甲）與印度半島西側古里；第三次是 1409 年，途徑與前次類似；第四次是 1413 年，首次繞過阿拉伯半島，經波斯灣頭「忽魯謨斯」古國，再至東非「馬林迪」；第五次是 1417 年，這次獲得長頸鹿、獅子與駱駝等珍奇動物；第六次是 1421 年，永樂皇帝去世，明仁宗即位後下令停止海外活動，最後一次是在明宣宗時期（1431 年）。總體來說，七次下西洋之中有六次是在永樂年間。這麼密集的遠行，相信明帝國朝廷好大喜功的意味也不言而喻，鄭和下西洋的行為，彰顯了帝國的強盛，向世界宣傳明帝國的富裕，也成功的讓五十多個國家派遣了使節到明帝國朝貢。

其實鄭和下西洋是帝制中國時期，規模最龐大且橫跨南海、印度洋與阿拉伯海的探險活動。但遺憾的是，相對於大航海時代的西歐國家，選擇來到遠東建立長久的貿易據點，鄭和的海外活動多以朝貢方式進行，未能與當地建立較深厚的貿易網絡，不過，這項航行活動仍

有一定的影響，包括：拓展明帝國的地理與航海知識、增加與南洋諸國之間的認識與文化交流、促使華人移民南洋等影響。明代的艦隊總和超過整個歐洲，擁有世界最強大的海軍。然而，鄭和下西洋對國家經濟造成很大的負擔，之後朝廷甚至銷毀這些遠洋的船隻，不再進行下西洋活動。但到了十六世紀之後，政府雖然禁止私人出海，但海上航行的活動卻違反政府禁令，相當的活躍。

充滿賺錢機會的東亞海域

相較於明帝國這種趨向保守或是只是忙著展現自己強盛的態度，當時的日本面對西方國家到來，卻是迥異的態度。日本透過「南蠻貿易」與西歐國家進行商品與思想文化的交流，即便進入德川幕府「鎖國」時期，也依然保留了對外貿易的窗口。

過去我們多從朝代更迭、不同當權者如何應對外來勢力的角度看待這段時期的歷史，但是，這次讓我們從「東亞海域」是如何在十四至十七世紀期間，連結歐洲商人與中國、日本以及臺灣，以及各國之間複雜關係，來檢視這段歷史發展，看看當時各國彼此之間是怎麼在東亞海域這個重要舞臺上，上演通商交流、衝突戰爭與協商妥協。

十六世紀，西班牙、葡萄牙開始為了香料貿易需求，想與遠東地區做生意，然而歐亞陸路路線卻遭鄂圖曼土耳其人壟斷，迫使西葡兩國積極往海洋發展。葡萄牙率先來到東亞，積極與明帝國協商貿易，但遭到拒絕，因此轉而與沿海的走私海商合作，輾轉在澳門建立據點。而西班牙人看到葡萄牙人在東亞獲得諸多貿易利益，也隨後投入東亞貿易的行列，他們將美洲的白銀引進東亞，促使海上經濟活動活絡。西班牙從墨西哥啟航前往菲律賓，建立貿易據點。其後，荷蘭東印度公司與英國東印度公司也相繼加入新興的東亞貿易市場。

除了中國市場外，歐洲商人也想打開日本的貿易大門。十六世紀中期至十七世紀，大約是日本的安土桃山時代，當葡萄牙與西班牙商

人便來到日本進行貿易前，他們已在東南亞建立據點，希望近一步拓展與日本和中國之間的商業行為，這種由葡、西商人居間的貿易活動，在日本被稱為「南蠻貿易」。交易的貨品包括：從中國運送絲綢、草藥、糖至日本；從日本運送銀與工藝品至中國；從中國運送生絲、瓷器至印度再銷往歐洲；另外，東南亞的胡椒、樟腦、沉香木與各式香料也是重要的商品。大量的貿易往來讓葡萄牙人在十六世紀中葉，先來到日本九州的平戶設立貿易據點，後來又改至長崎。十七世紀初期，荷蘭人也在德川幕府的允許下，在平戶進行貿易，1641 年改遷至長崎的扇形的人工島「出島」，可以連結至日本人居住的長崎市區。

這些貿易活動，迫使原本只有中國、朝鮮、日本、琉球與臺灣有商業活動的傳統東亞海域，頓時成了有西歐葡萄牙、西班牙、荷蘭與英國等國加入的貿易網絡，他們彼此之間合作，競爭、協商與衝突，也讓東亞海域熱鬧了起來。

為了錢，一言不合就打起來

不過，既然「貿易」是促使西歐人來到東亞的最大誘因，因為商業行為衍生的「經濟利益」往往也是東亞各國彼此發動戰爭的主要因素。作為主要貿易媒介的「海洋」更顯其重要——誰能夠控制海域，就掌握經濟利益。那麼，在這片海洋要道上的明帝國和日本又因此受到什麼影響呢？

1368 年，朱元璋登基，成為明帝國開國君王，然而位於東南沿海的反元大將兼鹽商方國珍與張士誠等人，集結在浙江外海舟山群島一帶反叛，最終遭朱元璋官兵擊退，史稱「蘭秀山之亂」。爾後，明太祖下令將舟山群島一帶的居民遷往內陸，進一步控管。再加上十四世紀以來，已有日本倭寇侵襲山東半島一帶，因此明帝國廷決定開始實施海禁政策。

十五世紀，日本正值日本室町幕府第八代將軍足利義政時期，發

生史稱「應仁之亂」的內亂，霸權勢力之間的爭奪戰造成國內動盪不安，日本因此進入戰國時期。百姓與浪人為求生存，只能轉往海上發展，成為倭寇與海商的組成分子，朝鮮半島以及中國沿海地區，包括山東、江浙、福建、廣東等地，均可見其蹤跡。而原本那些被迫遷往內地的沿海居民也為了生計，最終依舊回到舟山群島回歸貿易本業。

雙方到了十六世紀，終於開始進行官方貿易。當時日本室町幕府有「細川」與「大內」兩派，背後代表日本內部不同商人團體利益，他們競相爭奪日本對於明帝國貿易的代表權。日本貿易代表團在寧波發生內鬥衝突，殃及當地百姓，甚至 1523 年引發嚴重的外交事件，導致明朝廷只好與日本斷絕貿易往來，被稱為「寧波之亂」。然而，明帝國國內商業持續發展，沒有因為朝廷與日本不往來而停止，這些被生產的貨物仍舊急需銷往海外市場，於是走私貿易順勢興起。

到了十六世紀晚期，日本與朝鮮之間也發生戰事。統一日本天下的豐臣秀吉欲擴大勢力，想借道朝鮮進攻明帝國，朝鮮請求明朝廷出兵援助，陸續發生幾次的戰役，統稱為「萬曆朝鮮之役」；日本則分別稱為「文祿之役」（1592 年）與「慶長之役」（1598 年）。

此次戰役雖然由明帝國獲勝，但軍費卻成為沉重的財稅負擔，也加速了晚明財政紊亂與國勢衰敗。在豐臣秀吉去世後，日本陷入諸侯之間的征戰，最後由德川家康發動「關原之戰」，統一全國，開啟了「德川幕府」時代，日本進入短暫的安定狀態，經濟蓬勃發展。然而德川幕府仍實行鎖國政策，直到 1854 年，美國海軍要求通商前，日本實施了長達 200 年的海禁。不過，雖然名為鎖國，但其實日本仍與外國人有文化交流，也對日本文化發展產生了極大的影響。

- 李成桂在1392年平定了朝鮮,將首都遷往漢城,向明朝廷獻上了「和寧」和「朝鮮」兩個國號,明朝廷選了「朝鮮」,史上稱為李氏朝鮮。
- 現代所看得到的萬里長城其實是明帝國為了防禦北方的蒙古人,花了將近一百年的時間才完成。
- 十五世紀初,琉球中山王國統一了琉球王國,開展東亞海域上和東南亞國家的貿易,國家十分富庶。
- 豐臣秀吉統一了日本以後,遣使給果阿的葡萄牙總督、馬尼拉的西班牙總督,以及高山國(當時的臺灣),要求他們向日本朝貢。
- 現在我們吃的番薯,原產地在墨西哥高原。西班牙人在大航海時期,將番薯帶到菲律賓,後來福州商人再將番薯帶到中國。

大事紀

- 1368年,明帝國建國。
- 1405~1433年,鄭和七次下西洋。
- 1517年,葡萄牙人航行至廣州。
- 1557年,葡萄牙在澳門建立據點。
- 1590年,豐臣秀吉統一日本。
- 1592年,萬曆朝鮮之役,日本與明帝國戰爭。
- 1600年,關原之戰,德川家康成為日本的統治者。

第六章

中國最後一個王朝消逝

明帝國被滿清政府推翻後，中原地區的新主人變成清帝國。雖然它是中國最後一個朝代，然而這個外族滿洲人所建立的帝國，不僅改變了中國對內的局勢，也影響了東亞的局勢，影響直到今日。

清帝國誕生之前，東亞主要有「明帝國」、「李氏朝鮮」與「戰國至德川前期的日本」三個主要的行政體。相較於清帝國，明帝國疆域較小，不過，明成祖期間的「鄭和下西洋」，最遠曾到東南亞與印度洋一帶，使得文化有機會往外拓展。朝鮮在 1392 年進入李氏王朝時期，以儒教立國並與明朝廷具有朝貢關係，社會發展穩定，經濟發達；而日本在 1467 年進入戰國時代，歷經織田信長與豐臣秀吉的征戰，1603 年由德川家康統一天下，進入較為穩定的德川幕府時期。

　　那麼，究竟為什麼清帝國最後會被中華民國取而代之呢？

　　過去中文學界對於清代的認識與研究多從「漢人觀點」出發，強調清中葉後呈現保守與停滯的態勢，加上滿清末年西方列強進逼，清國簽訂許多不平等條約，喪權辱國。然而，隨著滿文以及更多史料的出現與解讀，我們對於清帝國的理解也有所改變，其統治方式、疆域擴張與族群關係都值得進一步探討。

滿洲人的崛起與建國歷程

　　清帝國並不是一朝一夕就突然建立起來的。建立清帝國的女真人也是草原民族之一，他們驍勇善戰，隨著勇士「完顏阿骨打」勢力崛起，並於十二世紀時在東北哈爾濱一帶建立了「女真國」，後來改國號為「大金」，然而卻在十三世紀時被崛起的蒙古消滅。到了十七世紀初期，女真人努爾哈赤聯合四散的女真部落，建立「後金」，取繼承當初完顏阿骨打的「大金」之意；1636 年，努爾哈赤的繼承人皇太極在瀋陽稱帝，建立「大清」。

　　當時長城以南是由明帝國統治，但明末政治腐敗，朝政混亂，官員貪污昏庸，忙著黨爭，再加上天災的發生，讓全國人民因為糧食欠收而四處飢荒不斷，國勢衰敗，導致發生農民反抗事件，長城外則有再度崛起的女真，攻進來也是早晚的事情。

　　1644 年清兵入山海關，逐步往南進攻，平定各地反清勢力，期間

發生諸多屠殺暴行，例如「揚州屠城」便死傷慘烈。最後，明崇禎皇帝萬念俱灰之下，選擇自縊，而以鄭成功為首的南明殘餘勢力逃往臺灣，成為反清復明的最後一個據點。

清帝國建立初期，遭遇的最大困難是反清勢力依舊存在，畢竟滿人是以異族之姿進入中原，統治以漢人為主的疆域，除了軍事上的對抗外，在文化思想上的衝突也不算少。在此期間，清太祖努爾哈赤的第十四子多爾袞扮演重要角色，他以高壓與懷柔並重的策略，一方面招降納叛，整合明代中央與地方的軍事資源與文官體制，並且改革明代的貪腐弊習，適當減免稅負，並賑濟地方。

另一方面，清軍陸續攻下黃河流域與長江流域重要城市，更在1680年代終於平定了「三藩之亂」。以吳三桂為首的「三藩」是指吳三桂（雲南、貴州）、尚可喜（廣東）和耿精忠（福建）三位明末降清將領，他們在清初建國之時，協助清軍平定退居東南的南明政權和地方軍事武力，但後來卻不願釋出兵權，最終遭康熙皇帝平定，自此才算是奠定了清朝廷統治基礎。而那個遠走臺灣的南明勢力則在1683年時，康熙皇帝派遣施琅攻打臺灣，將臺灣收入清帝國版圖，結束了鄭成功家族在臺灣的勢力。

滿清權貴組成八旗對清帝國崛起的影響

在清帝國崛起過程中，「八旗」具有關鍵性影響，更是清代宮廷劇中常常出現的題材。「八旗」究竟是什麼呢？

八旗的建立可以回溯到十七世紀，當時努爾哈赤將原本分散的各個部落進行編制，使其兼具生產與軍事功能，承平時期大家從事生產，遇有戰事就拿起武器參戰，兵農合一，八旗這種「全民皆兵」的特殊制度，集合了軍事、生產與行政治理的組織，而每一旗管理的人口數平均在二十萬以上。

八旗分成鑲黃旗、正黃旗、正白旗、正紅旗、鑲白旗、鑲紅旗、

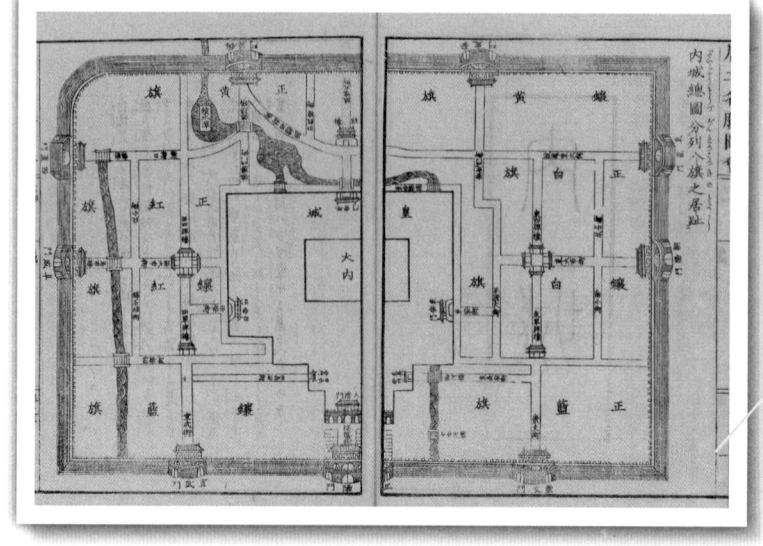

日本人岡田玉山所著的《唐土名勝圖會》，記載了清代八旗在北京內城駐紮的分配圖。

正藍旗與鑲藍旗八個系統。透過這套以血緣和地緣建立起來的八旗制度，無論是要出征、平定各地的反清勢力，全部都是八旗的部隊協力完成，這對清廷入關之後，逐步安定地方勢力非常重要。當清廷統治穩固之後，八旗依舊成為保衛國家與維持社會治安的主要力量，也分別在北京內城中駐紮。

　　想像一下，有些八旗由皇帝親自領軍，有些則是當初就一起打天下的伙伴，他們彼此之間更靠著通婚、或是任命朝廷重要職務，關係相當緊密。他們在科考、任職、教育等等都有先天的優勢，無論是政治或是經濟也享有特權，八旗成員參與著整個國家各方面的發展，而他們的生活也相對過得比一般漢人優渥。

　　值得一提的是，除了滿族之外，滿清也將蒙古族與漢軍編入「八旗」之內，但主要還是以滿族為核心。八旗採世襲制，由國家依照戶籍位階給予薪餉，擔負統治的軍事重任。

　　然而，後來相對安逸的生活，加上人口眾多，在兵額有限的狀況下，八旗也慢慢出現疏於操練，子弟能力不同以往的問題。雖然後來的皇帝為了加強中央集權，有試著重整八旗，調整八旗的權力，加上外患的影響下，八旗制度和清廷最終仍是漸漸走向衰敗之路。

清帝國版圖擴張與統治

不過，直到最後一任皇帝溥儀在 1912 年 2 月 12 日宣布退位詔書之前，清帝國歷經了兩百多年的歷史，其中康熙、雍正到乾隆這三位皇帝在位時，對內勵精圖治，對外戰功彪炳、擴大疆域，領土比明帝國增加一倍，更將新疆、西藏、蒙古、西南地區與臺灣納入統治版圖。

1684 年，臺灣被納入清帝國版圖，不過其實象徵意義居多。中國是一個陸權國家，滿人又是擅長騎馬射箭的民族，原本就對海洋不熟悉，對於一海之隔的臺灣不感興趣。

然而，從明代開始，臺灣作為海盜走私貿易的轉運站，再加上鄭成功等南明殘餘勢力盤據此地，對於清廷來說，若不攻下臺灣，有如芒刺在背，因此決定出兵討伐。雖然鄭氏家族滅亡之後，清廷官員對於臺灣的去留意見相左，最後康熙聽取了施琅的建議，將臺灣納入帝國版圖。不過，清廷對於臺灣的治理是非常消極的，但是隔海的日本

到底該拿臺灣怎麼辦呢？

卻不是這麼想的。四面環海的島國日本深諳臺灣在東亞海域的戰略位置，他們藉由「牡丹社事件」，意圖增加對臺灣的控制，清廷這才逐漸意識到臺灣的重要性，態度才轉而趨向積極。

　　不過，面對廣大的西北地區，清廷則是完全不同的治理想法。新疆地區在明末時期，原為準噶爾汗國，1759 年清帝國控制新疆，該地區地廣人稀，清廷採取回漢隔離政策作為控制手段。首先，保留當地部族世襲的「伯克」制度；將貶謫官員與犯罪的老百姓流放此地，百姓負責開墾，官員負責行政管理；在經濟方面，鼓勵滿人與漢人到新疆開墾經商。面對現今蒙古與西藏地區的互動，則源於滿洲與蒙古是彼此相鄰的草原民族，很早就進行婚姻與軍事的結盟。到了皇太極時代，蒙古向其獻上蒙古汗號，意味大清皇帝也是蒙古的「汗」。滿蒙之間也有文化傳承關係，滿文是在十七世紀左右，由蒙古文改造而

成；在西藏地區，原本在元代與明代時期是採取「土司制度」，亦即實施冊封，但並未實質統治，不過等到清帝國政權逐漸穩固後，十八世紀初期開始在西藏駐軍並設有駐藏大臣，代表行政與軍事力量進入西藏。

　　而在西南一帶的雲南、貴州地區，明帝國時期也是實施「土司制度」，並未進行有效控制。十八世紀時，清廷國力增強，雍正聽從官員鄂爾泰建議，對雲貴西南邊疆採取「改土歸流」政策，廢除土司頭目，改由朝廷派遣官員治理，強化對於少數族群的統治。

　　這些向外擴張行動，讓清代版圖比起明代時期的統治領域幾乎大上一倍。然而，為了有效治理如此廣大地區，清廷採取因地制宜的統治政策，對於不同族群有其因應的治理方式，但為了維持清帝國的統治，要管理橫跨這麼多種族的生活區域，在軍事武力、人力等各方面均需付出相當大的成本。

「多元帝國」的統治政策

　　近年來，許多學者研究認為，清帝國之所以成功，「多元統治」的策略相當重要。由於滿人是少數族群，為了維持帝國的穩健，清廷相當程度上必須依賴與拉攏其他族群，包括人數最多的漢族、與滿人在血緣和文化的關係最密切的蒙古族，還有新增統治版圖裡的藏族等其他民族。這種重視多元族群的精神在中國歷史上較為少見，當然也與宋代和明代漢人為主的統治思維非常不同。清帝國「多元統治」最重要的影響是中亞元素的吸納，促使中原與中亞地區有更多的交流。

　　作為少數族群的滿人，成為多元文化統治者之後，對不同民族則採取相對應的文化統治方針：對於漢族，滿洲皇帝尊崇儒學，拉攏漢族官員與知識分子，繼續沿用科舉制度，推崇漢文經典；在穆斯林方面，資助建立清真寺，成為伊斯蘭教的保護者；此外，清廷也十分禮遇西藏喇嘛，協助修建位於拉薩的布達拉宮並翻譯佛經。換言之，滿

清在確立自我認同的同時，對其他族群採取兼容並蓄且彈性的統治方式。

這種多元統治可不是只為了因應不同民族，單純設定不同的治理方式而已，更有文化交流上的意義。相較於其他帝國，十八世紀的清帝國，在許多方面均相當傑出，透過地圖與曆法，呈現出較準確而現代化的地理、科學與天文知識，同時也建構關於少數民族的知識文本，協助清帝國統治邊疆地區。

有機會到中國河北的「承德避暑山莊」的話，可以看到清代留下來的「外八廟」，裡面有仿照新疆、西藏寺院的建築，融合藏族、蒙古族的建築工法，包含「小布達拉宮」、「班禪行宮」與「伊犁廟」等，這些建築風格透露出清廷的皇帝在帝國統治上，不僅是要當中原漢人的皇帝，也想做蒙古的「可汗」與藏傳佛教傳統中的「法王」，更是想要成為中亞與東亞的疆域共主。

不過，如果將中國歷史上由外族建立的「征服王朝」列出做比較，我們可以發現，相較於蒙古帝國在中原只是一小部分，清帝國則是以中原為核心的多元族群的帝國。清廷不但透過溝通、協商、宗教與文化融合等方式來達成最終的統治目的，與邊疆族群和中亞國家之間的經營也很有一套。若將清帝國的發展放在更廣闊的區域史或世界史的範疇中來檢視時，你會發現，其實作為中國目前為止最後一個王朝，清帝國在科學、技術、火藥、族群與種族統治、在東亞史上具有舉足輕重的地位，也都有不小的成就呢！

知識補給站

國語是怎麼來的？

臺灣稱為「國語」，也就是中國說的「普通話」，其英文是 Mandarin，這種語言是從哪裡來的呢？

根據國際著名學者金啟孮（1918-2004）的研究，當滿洲人進入北京之後，為了應付較複雜的日常生活事物，包括藝術、建築、醫療、科技等過去在關外沒有接觸過的新事物，於是模仿當地漢語，因此出現了「滿式漢語」，並成為北京城內八旗貴族的官方語言。有趣的是，這種被當時的北京漢人視為很糟糕的語言，歷經時代的洪流，如今卻成為華人世界通用的語言。

紫禁城乾清門上有滿、漢語兩種語言，可見清廷對漢文化的重視。

- 明帝國最後的根據地是臺灣，由鄭成功家族統治，一度成為東亞海域上的霸主。
- 現代越南的國名來自阮福映統一全國之後，清朝廷給予的國號。雖然臣服於清帝國，但自稱皇帝，實行中央集權。
- 清帝國時期，有很多來自歐洲的傳教士，除了傳教以外，也幫助繪製現代化的地圖，其中「皇輿全覽圖」便是由傳教士雷孝思、白晉等人花了十年的時間繪製。

大事紀

- 1616年，努爾哈赤建立後金，脫離明帝國，建立自己的國家。
- 1636年，皇太極定國號為大清，後來與蒙古結盟，並且征服李氏朝鮮。
- 1644年，明帝國滅亡，清軍入北京，滿洲人統治中國。
- 1661年，康熙即位，積極開拓疆土，征服臺灣、西藏、青海、蒙古。隔年，鄭成功占領臺灣，開創明鄭時期，積極的從事東亞海上貿易。
- 1673年，三藩之亂，漢人的反叛，後來遭到平定，鞏固了滿洲人的統治。
- 1683年，清帝國攻占臺灣，明鄭滅亡，臺灣納入清的版圖。
- 1723年，雍正即位，強化皇帝的權力。
- 1736年，乾隆即位，後來拓展疆土到新疆。
- 1796年，白蓮教之亂，歷時九年才平定，讓清帝國的國家經費嚴重損失。
- 1850年，太平天國之亂，讓清帝國更加的衰弱。
- 1875年，西太后攝政，主掌清帝國的國政。

第七章

西方人崩解傳統制度

大航海時代，西方國家來到東亞海域，想要找到新的貿易機會，然而東亞世界與西方世界接觸後，從衝突、妥協到改變，讓東亞世界有了180度的翻轉，產生始料未及的思想巨變。

十五～十七世紀大航海時代之前，歐洲與亞洲的貿易往來主要依靠陸路，從歐洲經過伊斯坦堡到兩河流域，之後到中亞，再進入中國。然而，這個貿易方式歷時甚久，且風險很大，因此歐洲國家（尤其是伊比利半島的西班牙與葡萄牙）亟欲開拓新的貿易航線，於是透過海洋航行來到尋找新的貿易機會。

　　1487 年，葡萄牙航海家迪亞司（Bartolomeu Dias, 1451~1500 年）從葡萄牙出發繞行過好望角；1492 年，義大利人哥倫布（Christoforo Colombo, 1451~1506 年）原欲前往印度，意外來到美洲新大陸；1497 年，葡萄牙探險家達伽瑪（Vasco da Gama, 1469~1524 年）航行至印度進行貿易，開啟日後歐洲與亞洲貿易的航線，這也是史上第一次有人從歐洲遠航至印度。西班牙與葡萄牙率先在美洲與東亞貿易占有一席之地，爾後荷蘭、英國與法國等加入競爭來到北美與東亞，造成東亞國家從鎖國逐漸轉向開放，改變東西方貿易方式，也讓東亞國家對外的意識形態與思想逐漸不同。

東印度公司帶起東南亞發展

　　這一切的起因都來自於十五世紀開始，歐洲國家對於遠東的香料甚感興趣。但陸路交通受制於鄂圖曼土耳其帝國的阻隔，買賣也被威尼斯商人壟斷，甚至哄抬價格，因此一群荷蘭商人在 1602 年組成「荷蘭東印度東公司」（正式名稱為「聯合東印度公司」，簡稱 VOC），荷蘭的政府授予政治與貿易特權，主要負責與亞洲各地進行貿易及其相關事務。1619 年「荷蘭東印度東公司」在印尼的「巴達維亞」（今日的雅加達）建立總部。其後意圖北上，想要與明帝國建立貿易關係，但在澎湖遭明帝國軍隊驅離，只好轉往臺灣，在當時的大員（現今臺南）建立熱蘭遮城，作為據點。

　　「英國東印度公司」（簡稱 EIC），主要由倫敦商人合資成立，英國政府也授與該公司海外政治與貿易特權。雖然比「荷蘭東印度東公

「司」早兩年成立，想與葡萄牙、西班牙爭奪東亞商業經營，因為較缺乏資金與軍力，無法取得更吸引人的商品，貿易活動也受到荷蘭排擠。當英國東印度公司來到印度半島後，先擊敗葡萄牙人，並於印度建立據點，以政治、商業貿易、賦稅等方式控制印度。到了十八世紀，「英國東印度公司」從印度向清帝國境內輸入鴉片，造成當時清英兩國貿易形成巨大逆差，清帝國的白銀大量流出，且鴉片造成清帝國社會內部重大問題，其後由欽差大臣林則徐領軍實施禁煙，甚至引發日後的鴉片戰爭。

除了最常聽到的荷蘭與英國成立東印度公司之外，丹麥、葡萄牙、法國、瑞典、奧地利等國也都成立各自的東印度公司，紛紛經營起遠東生意，雖然不少都因為缺乏資金而最終走入歷史，但也都對當時的東亞至印度造成巨大影響。

西方人與東亞關係

其中最早繞過非洲好望角，來到印度洋、印度以及東南亞的國家之中，就屬葡萄牙的勢力不容小覷。1488 年，葡萄牙人迪亞司繞過非洲好望角，抵達東非；1498 年達伽瑪抵達印度。1509 年葡萄牙人來到滿刺加（現今馬來西亞麻六甲）。到了 1517 年，葡萄牙人抵達明中國廣州時，卻遇到當時明帝國實行「海禁」，葡萄牙想與明帝國進行貿易往來，但遭拒絕，只好以舟山群島和福建月港（今天的海澄）為據點，與明帝國及日本海商進行走私貿易，最後退居澳門，並以此作為長久根據地，這也是為什麼現今澳門隨處可見葡式風情建築或是文化的原因。

在明帝國這裡碰壁，葡萄牙便轉向往不遠處的日本進行貿易。1543 年，葡萄牙人將明帝國的生絲與瓷器運往日本進行貿易，他們是最早抵達日本的歐洲人，主要活動地區在日本九州一帶。當時日本屬戰國時期，急需軍事用品，對於葡萄牙製造的火槍也非常感興趣，雙

方展開貿易。當時日本由於受到中華文化「華夷秩序」的歧視思想，將來自南方的外族稱為「南蠻」。日本誤以為葡萄牙人也是來自東南亞，便將與他們的貿易活動稱為「南蠻貿易」，而各種由外族商人帶來的舶來品，或是介紹進來的新食物，也都被冠上「南蠻」二字。今日日本「南蠻料理」中著名的炸物天婦羅、南蠻雞肉，還有蜂蜜蛋糕、牛奶糖等，也被稱為南蠻菓子，都與當時的葡萄牙商人有關。

不過，緊跟著葡萄牙來到遠東貿易的，則是西班牙商隊。1519 年葡萄牙探險家麥哲倫（Ferdinand Magellan, 1480~1521 年）從西班牙出發，繞過大西洋，橫跨太平洋，最後抵達菲律賓。西班牙商隊來到菲律賓後，當時福建商人將中國的絲綢、瓷器運往馬尼拉，西班牙人帶入白銀貿易，用來購買絲綢、瓷器與香料，再以大帆船橫跨太平洋，運往中美洲墨西哥。

當白銀進入明帝國後，也造成商人收入日增，商業貿易活絡，同時也促成商業文化發展，以及傳統士農工商社會階層的改變。西班牙更在菲律賓建立殖民政權，協助西班牙商人獲取利益，對在當時的菲律賓生活的西班牙人、漢人移民、當地原住民等不同族群，採取不同

清法戰爭，1885 年 2 月 13 日法軍攻占越南諒山。

統治方式，當然也引起菲律賓當地人的反彈。

除了葡萄牙與西班牙之外，歐美諸國也陸續來到東亞。十八世紀晚期，美國獨立後，為了拓展海外貿易，於 1784 年派遣「中國皇后號」（Empress of China）前往中國進行貿易。1844 年美國與清廷在澳門簽訂《望廈條約》，正式開啟雙方外交關係。1853 年，美國海軍將領培里（Matthew Perry）率領艦隊來到日本東京灣尋求貿易，要求日本開國，隔年 1854 年與德川幕府簽訂《神奈川條約》（又稱《日美和親條約》），史稱「黑船事件」，開啟兩國正式外交關係。

到了十九世紀下半葉，法國開始侵略越南，越南向宗主國清尋求支援。1883 年法國與清廷為了越南問題展開戰爭，戰場除了越南外，也波及澎湖與基隆。1885 年雙方簽訂《清法新約》。

這些西方國家紛紛叩門日本、明帝國與遠東等國，除了政治跟軍事的威脅外，也迫使東亞世界的各國逐漸改變其傳統對於周遭國家與世界的看法。

東亞世界面對西方的態度改變

　　以世襲帝制的明清帝國為例，傳統上，統治者習慣以「天下」自居，自己就是世界的中心，周遭國家則是「蠻夷戎狄」，長久以來，中國與周圍各族多以「朝貢制度」互動，各族皆為其臣屬，不管是軍事、貿易、文化上的往來，都是建基在朝貢機制上。長久以來，會面臨的軍事與政治的威脅多來自中亞內陸，當西歐國家經由海路尋求貿易機會時，讓明清兩代朝廷不得不開始重視海防，更劇烈衝擊傳統中國對外倚重的「朝貢制度」。

　　1793 年，英國使節「馬嘎爾尼」（Lord Macartney, 1737~1806 年）曾率領使節團，以慶賀乾隆壽誕為名，希望進一步與清廷協商貿易事宜。然而，雙方卻因禮儀問題發生衝突，乾隆認為使節應該對他行三跪九叩的大禮，而馬嘎爾尼認為中英是平等國家，應以英式單膝跪下

行禮。最後，清廷拒絕英方通商、傳教與居住等請求，英國使節團失敗而返。這個「馬嘎爾尼事件」反映出清帝國與大英帝國許多觀點的不同，例如清帝國可能還以「華夷」與「天下」關係看待大英帝國，而大英帝國卻以平等、互惠與開放等方式要求通商交流，兩大帝國迥異的價值觀也間接導致日後的鴉片戰爭。

相對於清帝國面對外來文化還是相對封閉的態度，日本則在德川時期（1603-1867）有重大變化。日本過去多以鄰近的中國為學習對象，例如平安時代，曾派遣「遣唐使」到中國學習語言文字、建築、藝術與宗教等，受傳統中華文化影響甚大。

到了德川時期，雖然幕府實施鎖國政策，但當時荷蘭東印度公司已經在印尼巴達維亞建立總部，先後來到臺灣西南部與日本長崎進行貿易。荷蘭是歐洲後起的海上強權，而原本歐洲的霸主是西班牙，但雙方戰爭之後，荷蘭人逐漸獲取西班牙的海上利益，並遠赴到日本。

德川日本允許荷蘭商人居住在長崎出島，日本也向荷蘭人學習知識，形成「蘭學」風氣，開啟日本對外的一扇窗口，期間透過大量翻譯荷蘭文書籍，將西方知識傳入日本，例如解剖學、物理學和電學等。幕府末年雖然有許多攘夷志士，認為西方文化應拒之門外，但日本很快的就認知到西方的船堅炮利與文明進步，於是明治時期日本派遣「岩倉使節團」到歐美考察，全面向西方學習，明治政府聘請眾多外籍顧問，協助日本進行改造，包括政治體制、教育制度、飲食與社會生活等各方面，從傳統邁向現代。

另外，與日本一水之隔的朝鮮，從十四世紀開始就是中國的朝貢國，一直受到中國的保護。然而 1840 ～ 1842 年鴉片戰爭，清帝國被英國打敗後，朝鮮也面臨西方強權的挑戰。1860 年代以後，法國、美國、英國、俄羅斯等強權都試圖要「打開」朝鮮大門，朝鮮也力圖抵抗。不過，朝鮮最終是受到同為東亞的日本帝國侵略，在 1910 年正式被日本併吞，成為日本繼臺灣之後的第二個殖民地。

出島的荷蘭商館

「出島」是長崎港內的扇形人工島嶼，最初是由德川家光將軍下令建造，作為在長崎經商的葡萄牙人居所。1637年，日本發生天主教徒反抗幕府的「島原之亂」，葡萄牙人被幕府驅逐出境。1641年，德川幕府要求位於平戶的荷蘭商館遷至出島，該地也成為日本鎖國政策下對外的重要窗口。

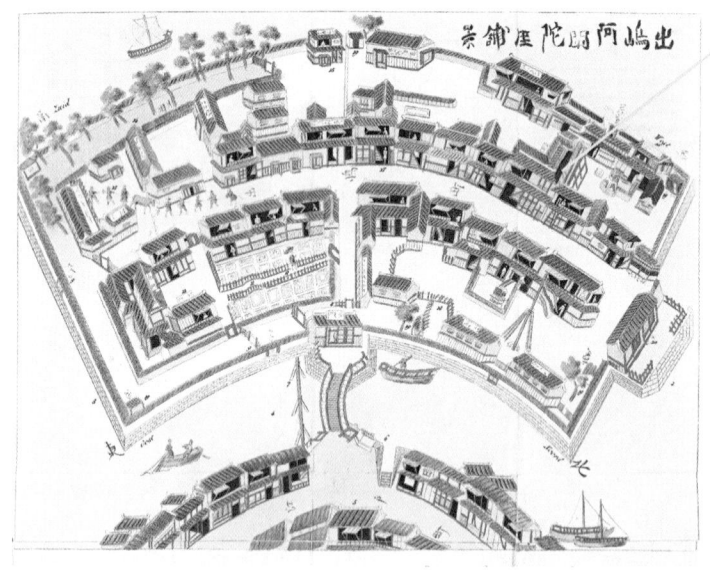

荷蘭東印度公司長崎貿易站，荷蘭人不能任意離開島上。島上有住宅、倉庫、菜園、飼養家畜的場所等。

當西方文化來到東亞，造成傳統政治制度的崩解，為了應付強大的軍事力量，東亞國家紛紛做出回應。清廷在 1860 年開始的「洋務運動」，學習西方的船堅炮利，但由於傳統的勢力太過龐大而失敗。日本則是「脫亞入歐」，採取西方的制度維新，後來成為世界的霸權之一。可別以為西方文化對於東亞的影響僅止於此，因為更大的風暴還在後頭呢！

- 葡萄牙人來到東方，將火槍傳進日本。
- 荷蘭人建立熱蘭遮城，更與縱橫海上的海盜鄭芝龍集團合作，壓制了葡萄牙人在東亞海域的勢力。
- 由於法國的侵略，清廷與法國在1885年訂約，放棄對越南的宗主權。
- 本來日本是由將軍主導國政，為了面對西方的挑戰，實行中央集權的制度，德川將軍將政事的權力交還給天皇，史稱「大政奉還」。
- 為了學習西方的各種制度，由日本政治家岩倉具視領隊，與留學生和政府官員超過百人，組成岩倉使節團前往西方學習，歷經了一年十個月。

大事紀

- 1602年，荷蘭東印度公司成立。
- 1624年，荷蘭人占領臺灣。
- 1641年，鎖國體制完成。
- 1642年，荷蘭人趕走臺灣北部的西班牙人。
- 1840年，中英鴉片戰爭。
- 1842年，中英簽訂《南京條約》。
- 1853年，黑船事件讓日本打開國門。
- 1856年，英法聯軍之役。
- 1884年，中法戰爭。
- 1894年，中日戰爭。
- 1899年，義和團八國聯軍。
- 1904年，日俄戰爭。

第八章

共和的成立與現代世界的摸索

東亞世界從傳統走向現代時，日本採取西化維新的方式，中國則是透過革命成立共和國。朝鮮在中、日兩大強權間進退兩難。東亞各國走向現代化的過程中，因各種情勢，因而面對「現代化」有不同的選擇，這也讓後來東亞世界走向迥異的道路。

進入二十世紀後，東亞各國呈現多樣的狀態，日本接受西方的價值，進行「明治維新」，但天皇仍是國家的統治者；中國則在 1911 年結束了兩千年的帝制，進入共和時期。而夾在中、日兩國的朝鮮則因為處於兩大國的中間，命運受到兩大強權的操弄。不過，中、日、朝鮮國都經歷了秩序重整的階段，進而走出不同的國家方向，本來中國是自我中心，是東亞世界的霸主，但 1900 年之後，由於不同國家現代化的步調和方式都不同，也造成東亞局勢的大變動。

明治維新後的東亞局勢

　　讓日本打開門戶、開始邁向現代化的契機是「黑船事件」。當時美國為了要求日本打開國門，在西太平洋有中繼站，因此派出艦隊司令培里與日本政府談判，這件事可以視為自日本十七世紀德川幕府建立以來秩序重整的徵兆。日本人將西方人開來的船稱為「黑船」，並認為外國人駕駛著「黑船」，無法用一般的劍術對抗，因此必須跟他們一樣建立現代化的軍隊才行。

　　歐美等國透過船堅炮利得以與日本簽訂通商條約，成為日後日本人眼中的不平等條約。然而在遇到黑船之後，日本人對西洋人的觀點大為改變，認為西方國家的科學、技術和文化的發展，才是日本要學習的地方。此後，更透過「明治維新」還給天皇實質的統治權力，重新確立了天皇制度。

　　由明治天皇主導的明治維新奠定了日本現代化的基礎，其中最重要的分別是廢除封建制度、立憲改革、軍事改革、教育改革和經濟改革。以往封建制度下，國家權力在德川幕府的將軍手上，但明治天皇發表詔書後，大權獨攬，讓日本成為實質統一的國家，一君萬民。明治維新大量引進西洋文明的思想、法律、文化、思想，鋪設鐵路，也引進電氣設備及西方的城市計畫，建設現代化的城市運輸系統，以期望能達到與其他資本主義國家並肩的地步。

同一個時間點的清帝國又是什麼景況呢？或許用「此長彼消」來形容清日兩國的關係最適合不過了。造成東亞格局最大改變的其實是清日兩國間的甲午戰爭。這個源自於清、日兩國為了取得對於朝鮮的控制權而起的戰爭，最後是清帝國戰敗，國威受到影響，不只正式撤出朝鮮半島，更喪失了澎湖列島及臺灣領土主權。

　　雖然在甲午戰爭以前，清日兩國都經歷洋務運動與明治維新的重大改變。清帝國在面臨鴉片戰爭與英國戰役的失敗後，欲透過引進西方的技術和制度，重新振作國家。李鴻章和曾國藩等人建立了紡織工廠、修建鐵道，並且建立現代化的海軍。

　　在甲午戰爭開打之前，歐美國家眼中清帝國是東亞的一大強國，雖然在幾次戰爭中敗於英國與法國軍隊之手。但是，隨著洋務運動的興起，清帝國在軍事上取得很大的進步。從客觀的裝備上而言，清帝國所建立的北洋艦隊在配備上比日本海軍更為精良。因此，當日本海軍在黃海海戰中打敗北洋艦隊時，實讓日本舉國民心大振。

甲午戰爭中，清帝國出乎意料的大敗於日本手中，讓洋務運動苦心經營的北洋艦隊全軍覆沒，戰敗的結果造成中國全國的震撼，人民內心也受到嚴重的衝擊。加上日本後來在日俄戰爭中戰勝俄國，一個亞洲的國家竟然可以打敗歐洲的強國，使得中國士人開始摒棄甲午戰爭的陰影，走上以日本為師的道路。在清末推動憲政改革的過程中，日本因素實具有重要作用。除了聘請日本顧問外，推動新政的不少官員都有留日經驗。

革命的火花與共和的成立

　　日本對於清末的革新上確實有很大的貢獻，除了推動改革的顧問人才或是經驗借鏡外，在革命的活動也有影響力。孫文所率領的中國同盟會便是 1905 年在東京成立，提倡民族、民權和民生的「三民主義」是孫文共和革命的核心精神，並按照軍法、約法和憲法的順序完成革命的理論基礎，開始推動革命活動進行。

　　當時的清帝國財政問題嚴重，想要透過外資作為財政改革的後盾，並且將鐵路的國有化作為外債的擔保，卻引起四川省的反彈，更造成全國騷動。1911 年 10 月，武昌成立了新的政權，史稱「辛亥革命」。投身中國革命運動的日本社會運動家北一輝（1883~1937 年）認為，中國革命的核心動力是留日學生，中國革命的目標即是希望在中國再造明治維新經驗，而這些革命的火花在隔年開始有了新的發展。

　　1912 年的 1 月，清帝國的十七個省分代表在南京開會，協商建國的相關議題。這些代表們選出了當時人還在美國的孫文為臨時大總統，成立了中華民國，這也是亞洲第一個共和國。然而，新誕生的共和國仍然受到舊勢力的影響。清帝國政府派出袁世凱作為談判代表，與新成立的共和國談判，談判過程中，袁世凱承諾讓清帝國皇帝退位，但交換條件是由自己擔任臨時大總統。

　　想要一下子改變一個國家體制沒那麼容易，革命黨人只好妥協，

讓袁世凱當上臨時大總統，也預計透過控制議會來節制總統的權力。然而，1914 年袁世凱卻解散國會，其後更想要讓自己復辟成為皇帝，雖然最終遭受到強烈反彈而失敗，抑鬱而終。袁世凱過世之後，中華民國的大總統由掌握軍事實力的軍閥控制，原來共和的理想沒有落實，而且各地的軍閥相互割據土地，彼此兵戎相見，中國陷入混亂。

在清帝國解體以後，雖然沒了高高在上、唯一權力統治者的帝國皇帝，不過卻演變成掌控武力者成為擁有最多的權勢地位，並構成另一個高高在上的「軍事首領群體」。當時軍隊是由清末新軍，或會黨武裝、新招募的地方武裝而來，而控制這些武裝資源，便成為權力競爭者最看重的事了。與此同時，一個由革命黨人及舊官吏、留學生等構成的職業政客階層也漸漸形成，他們占據了議會、政黨及其他許多政治機關，這個新產生的政客階層和之前由科舉考試而產生的官吏，在價值系統以及合法性來源等方面均有差異，讓共和成立初期便有了不同的政治樣貌。

但是各地軍閥首領為了擴張在中國內部的地盤，往往會援引外國勢力，希望這些外來勢力可以成為自己的靠山，這時給了歐、美、日等國有更多空間可以參與中國各地的建設，對中國人而言，無疑是近代化建設的機會；而對於在中國從事各種活動的日本人來說，他們相重了中國市場的大好機會和經濟利益，因此在中國各地都有不少中日兩國人士合資的公司，以共同開發中國各地的資源，提供日本進行商品開發。

除了日本人以外，當時有大量的外國人設立「租界」，其中以上海規模最大，一開始是英國、法國和美國，後來有更多國家的人到此居住。「租界」帶來很多外國的文化，像是新式的銀行、報章媒體、雜誌、咖啡廳和西式的飯店等，都讓當時的中國人了解外國文化，並且對於現代化有所認識。

相較於日本，朝鮮在傳統和現代化之間就相當捉襟見肘。朝鮮原本將中國視為宗主國，但日本明治維新之後，想要擴大影響力，便在1875年派出軍艦前往朝鮮，卻遭到朝鮮的攻擊，日本透過軍事的力量壓迫，在1876年強迫他們簽下不平等條約，希望朝鮮脫離中國的控制。原先朝鮮就想要學習明治維新，推動現代化，但在中國的介入後卻失敗，朝鮮擺盪於中國與日本之間，最終日本打敗中國之後，取得了朝鮮的控制權。

第一次世界大戰與東亞

就在中日朝三國忙著各種現代化、新政體的革新與轉變，東亞局勢也迎來一個轉變的契機和考驗：第一次世界大戰。

第一次世界大戰從1914年打到1918年，雖然主要戰場發生在歐洲，但戰爭卻影響到全世界，因為當時世界上的主要國家都參加了這次戰爭，發起戰爭的兩方勢力為同盟國和協約國，同盟國的成員主要有德國、奧匈帝國、鄂圖曼帝國；協約國則是英國、法國、日本、俄

國、義大利和美國。

　　由於歐洲各國無暇東顧，日本得以擴張在遠東的影響力，趁機從德國手中搶奪山東的權益。1915 年，日本向袁世凱提出「二十一條要求」，希望承接德國在山東的權益，並且希望中國在政治、財政和軍事顧問群中，都要聘請日本人。當時的中國人認為這是日本作為吞併中國的準備，激起國內一片強烈的反彈。

　　對中國而言，政府想要藉由參加第一次世界大戰，以求在戰後的新格局中得到更為平等的待遇。當時，美國威爾遜總統（Woodrow Wilson, 1856~1924 年）在戰爭結束後提倡弱小的民族應該都遵循「民族自決」的原則，讓他們都可以獨立成國家。威爾遜的理想相當崇高，也影響到全世界，連當時的中國知識分子都受到鼓舞，種下之後「五四運動」的種子。

　　不過 1919 年的巴黎和會上，美國的這些主張不被列強所接受，因為列強無法放棄原來的利益。而作為戰勝國的中國，由於無法取回德國在山東的各項權益，也對巴黎和會失望。1919 年的 5 月 4 日，三千多名北京的大學生走上街頭抗議，後來更演變成全國性的抗議行動。中國對現代國家與文化的追求，以及在國際上的挫折更成了「五四運動」的導火線。當時陳獨秀和胡適等當時的意見領袖，都認為傳統中國儒家的意識型態，還有文言文是束縛國家走入現代的根本原因，因而提倡書寫白話文，拋棄傳統的守舊思想成為當時中國青年們追求的目標。

　　不僅中國受到當時世界的影響，朝鮮也受到激情的鼓舞。1919 年的 3 月 1 日出現三十萬人的遊行，希望脫離日本獨立，受到日本政府的強力鎮壓，「三一運動」成為朝鮮獨立運動的重要標誌。

　　反觀日本，透過「明治維新」期望達到「脫亞入歐」，進入西方列強之林，並在甲午戰爭中戰勝中國，在日俄戰爭中打敗俄國，成為東亞的強權。而清帝國卻走入中華民國體制，除了西方強權的壓迫，

日本西化後開始圖謀中國利益，而當時的中國人既想學習日本人富國強兵的方法，也開始防範日本人的侵略，兩國的糾葛一時之間也很難擺脫；處在兩國之間的朝鮮，受到日本的吞併，以往作為保護者的中國，根本自顧不暇，只有自己尋求自強之道，從此三國的勢力消長也將進入新的變化。

歷史小事報你知

- 日本人在明治維新以前，大部分人民因為篤信佛教的關係，不吃牛肉和豬肉，但為了學習西方人，便開始吃豬肉，日式炸豬排就是在這個時候發明出來的。
- 十九世紀末，山東出現了認為練拳就可以刀槍不入的「義和團」，大喊扶清滅洋，攻擊當時在清帝國的西方人。當時主政的慈禧太后信任他們，沒想到後來卻引進了八國聯軍，差點滅國。
- 年輕的光緒皇帝為了清帝國的延續，開始採用西方的制度，進行維新，但卻遭到保守派以慈禧太后為首的反對勢力，後來維新只持續了百日。
- 孫文推行革命，在日本成立同盟會，背後有很多日本政治人物和野心家的支持。
- 民國初年很多知識分子提倡白話文運動，提倡西方的觀念，其中很多西方的觀念都是日本人轉介過來的，像是經濟、哲學、博物館的這些概念都是日本人理解後的知識，再傳到中國。

大事紀

- 1853年，美國海軍准將馬修·培理率領艦隊進入江戶灣，帶著美國總統的國書，希望日本開國，於隔年簽訂了不平等的《日美和親條約》。
- 1868年，日本確立以天皇為核心的中央極權體制，大量引進西方的制度，史稱「明治維新」。
- 1894年，日本在甲午戰爭中打敗了中國，扭轉了亞洲霸主的局勢。
- 1905年，日俄戰爭中日本打敗了俄國，成為世界的強權。
- 1910年，日本強迫朝鮮合併。
- 1912年，由孫文所率領的革命，成立了中華民國，成為亞洲第一個共和國。
- 1914年，袁世凱解散中華民國國會，並於隔年稱帝，雖然遭到強烈反對而失敗，但讓中華民國陷入混亂。
- 1914年～1918年，歐洲發生第一次世界大戰，讓日本有機會在東亞擴張勢力。
- 1919年的五四運動，三千名的學生走上街頭，抗議日本所提出的「二十一條要求」，後續更引發了新文化運動。
- 1919年，朝鮮發動三十萬人的大遊行，高喊「獨立萬歲」，史稱「三一運動」。

第九章
亞洲一哥換人當

本來中國是東亞的霸主，但在現代化的過程中，日本積極向西方學習，先是在甲午戰爭時，打敗中國，後來又在日俄戰爭打敗了俄國，成為世界強權，更扭轉了東亞的情勢。

日本在二十世紀初期提出「大東亞世界」的想法，想與亞洲國家相互合作，幫助各國從西方列強的殖民主義中掙脫出來，成為能與西方相對抗的「亞細亞主義」。大東亞世界指的是包括日本帝國（包括殖民地臺灣、朝鮮等）、中國與東南亞地區。

日本之所以會提出這樣的想法，起因是明治維新以來，富國強兵政策使日本躍居亞洲一哥，並在中日甲午戰爭（1895 年）與日俄戰爭（1905 年）取得勝利。日本認為自己已取代中國和俄羅斯，成為亞洲最重要的領導者。但日本究竟是怎麼一步步發展成那麼強大的勢力呢？又會為東亞造成什麼影響？

西方的帝國主義與大東亞概念的萌生

日本在德川幕府晚期受到西方列強的進逼，簽訂了許多不平等條約，也體會到西方帝國主義的強勢，因而勵精圖治。1868 年，日本實施明治維新，從傳統社會步向現代化國家，明治天皇以「富國強兵」和「殖產興業」為目標，派遣「岩倉使節團」到歐美實際考察西方先進國的政治制度與社會狀況，並以「後進國」的姿態學習如何成為一個強國。

在政治改革方面，十九世紀晚期日本頒布《明治憲法》，成立包括眾議院與貴族院的國會，成為君主立憲國家。在經濟方面，三菱、三井、安田、住友等「財閥」的興起，更是反映了資本主義的蓬勃發展，從此日本從傳統走向以工商業為主的現代資本國家。

當日本國力逐漸增強，對外擴張之聲也逐漸興起。十九世紀晚期，日本首先將目標鎖定鄰近的朝鮮，鼓動朝鮮脫離與清帝國之間的藩屬關係，強迫朝鮮簽訂《江華島條約》，要求開放日本通商與享有治外法權，並提供日本資源與經濟利益為條件。此時，慶應大學的創辦人福澤諭吉的《脫亞論》提供日本向其他亞洲國家擴張的思想基礎，福澤認為明治維新以後日本已經現代化，但鄰近的中國與朝鮮等

謝謝外國友人來見證頒布日本憲法重要的一刻。

地仍屬傳統社會，因此日本應該「脫亞入歐」，並帶領清帝國與朝鮮從傳統步向現代。

實力加速積累的突飛猛進期

明治維新之後，日本逐步對外擴張，陸軍大將山縣有朋倡導日本軍事制度現代化，軍事組織可不受國會規範，直接向天皇負責，軍權擴大也使得日本有了向外擴張的基礎。

1894 年，朝鮮的農民發動大規模抗爭，史稱「東學黨起義」，由於中國是朝鮮的「宗主國」，朝鮮官方向清廷求援，清帝國出兵協助；不過，同時間日本以保護當地僑民為由，也對朝鮮出兵，日清雙方戰場上兵戎相見，當然不會好言相向，最終導致「日清甲午戰爭」的爆發。甲午戰後，1895 年日清雙方在日本山口縣下關市簽訂了影響東亞局勢與發展的《馬關條約》（日方稱為《下關條約》或《日清講和條約》）。條約中規範著：日本取得遼東半島、臺灣與澎湖群島的統治

權，並要求中國承認朝鮮為獨立國家，放棄傳統的清廷與朝鮮間的藩屬關係，並在中國境內獲取諸多工商利益與治外法權。除此之外，日本所獲得的巨額賠款，超過國家一年歲收兩倍的巨額賠款讓日本得以發展軍備、建設臺灣，還有充足的教育經費。

進入二十世紀後，日本透過外交與戰爭累積國力。1900 年，北京發生「義和團事件」，日本亦派兵加入八國聯軍。1902 年日本與英國結盟，稱為「英日同盟」（Anglo-Japanese Alliance）。1904 ～ 1905 年日本在「日俄戰爭」獲勝，取得了俄羅斯在中國東北與遼東半島的權益，成為朝鮮的保護國。

接著，在 1914 ～ 1918 年第一次世界大戰期間，日本也掌控了山東地方的經濟，取代德國在此地的權益，更趁著中國軍閥割據的情勢，在中國擴張殖民地和鐵路的利益，成為東亞現代第一個輸出帝國主義的國家，更是東亞地區第一個擴張殖民地的國家。當時，日本的社會運動家北一輝提倡激進民族主義，鞏固天皇權威，鼓吹日本積極向外擴張，日本國內逐漸發展出「大東亞共榮圈」的概念，認為近代東亞與東南亞國家遭受西方列強侵略與統治，東亞各國應該擺脫殖民勢力，共存共榮。但實質上，受到軍國主義盛行之影響，日本其實更多考量的是自身利益，想透過軍事武力與經濟剝削掌控東亞國家，未能真正落實大東亞共榮之理念。

日本占領東亞舞臺

然而，明治維新以後，日本效法西方帝國主義，開始擴張版圖，建立「大日本帝國」。1895 年《馬關條約》的簽訂使日本獲得第一個海外殖民地臺灣，當日本平定初期的反抗勢力後，開始著手進行臺灣的各項研究調查，包括戶口普查、衛生設施、原住民與漢人的社會慣習等，並積極實施各種現代化建設以獲取臺灣的糖業、農業與林業等資源。爾後，日本實施「內地延長主義」與「皇民化政策」，透過教

育、語言與文化，強化臺灣人民效忠日本帝國。二次戰後，日本結束在臺五十年的殖民統治時期。

1910 年，日本與朝鮮簽訂《日韓合併條約》，朝鮮正式成為日本的殖民地。日本掌控朝鮮的交通、郵政、糧食、礦產等資源，並迫使朝鮮人改用日本姓名。日本統治時期，朝鮮人受到美國威爾遜總統提出的「民族自決」影響，抗日活動不斷，其中 1919 年的「三一運動」，百萬民眾在漢城（今韓國首爾）聚集，卻遭日本血腥鎮壓。一直到第二次世界大戰日本投降，這才結束對朝鮮半島三十五年的統治。

日本也想跟其他列強一樣，希望可以從清帝國那裡獲取更多利益。二十世紀中期，日本對中國境內發動多起戰爭，日本甚至在 1932 年進入中國東北，扶植清帝國末代皇帝溥儀與親日人士成立「滿洲國」，首都設於新京（今天中國長春市），溥儀並與日本簽訂《日滿議定書》。滿洲國建立後，日本積極推行日本人移民滿洲的政策，前後超過百萬人，直到二次戰後日本投降，滿洲國也隨之瓦解。

1930 年代日本擴大在中國的戰事，為了切斷當時以中國西南為基地的「國民政府」從中南半島獲取補給資源，再加上日本本身對於軍事工業的需求，日本帝國決定投入東南亞戰場，以獲取石油、橡膠和各種礦產資源。另一方面，在大東亞共榮圈的脈絡下，1930 年代晚期，日本內閣總理大臣近衛文麿（1891～1945 年）發表日本與中國相互合作、共存共榮的聲明，汪精衛與日本合作，成立「中國民國國民政府」（1940～1945 年），首都位於南京，日本將其視為實質政權，但國際間承認者甚少。

日本在東南亞的戰線，往東達西太平洋的索羅門群島，往西則擴及印度。相較於日本對於正式的殖民地臺灣與朝鮮兩地，進行系統性的治理規劃並提升殖民地的現代化，日本對東南亞地區多為短暫統治。東南亞戰事期間大約從 1941 年至 1945 年，日本進攻英法殖民地，包括英國殖民地香港、馬來西亞、錫蘭、印度、緬甸、新加坡，法屬

殖民地越南以及荷屬印尼等地區。

　　然而，回顧從十九世紀晚期開始，日本將蝦夷地（今日北海道）、琉球（今日沖繩）納入版圖，也兼併鄰近的臺灣、朝鮮，在中國各通商口岸設立租界，1930年代更在東北扶植「滿洲國」，爾後又透過戰爭不斷擴張領土，在1940年代占領馬來亞、婆羅洲、新加坡、緬甸、香港、菲律賓等地，日本儼然成為不折不扣的大帝國。

東亞，一起加入世界大戰吧！

　　第二次大戰時期，日本與德國、義大利同屬「軸心國」，英美則為「同盟國」，分屬不同陣營。當日本控制中南半島後，與美國發生商業衝突，美國對日實施禁運政策，其中包含石油輸出，因此日本鷹派主張對美國發動戰爭。1941年12月8日，日本攻擊夏威夷珍珠港，

發動著名的「珍珠港事變」，此戰役拉開太平洋戰爭的序幕，戰場遍及印度洋、太平洋、東亞與東南亞等地。珍珠港事變後，美國羅斯福總統（Franklin‧D‧Roosevelt, 1882~1945 年）對日正式宣戰，德國與義大利也對美國宣戰，中華民國也對軸心國宣戰，第二次世界大戰一觸即發，戰場遍及歐洲與亞洲。

「太平洋戰爭」開始後，日軍在東南亞部署逐漸穩固，並占領西太平洋島嶼。1942 年「中途島之役」成為美日雙方戰事的轉戾點，美軍破解日方進攻密碼，導致日軍慘敗，美方取得控制西太平洋的優勢。1945 年美軍在日本本土附近的硫磺島與沖繩兩場戰役皆獲勝，再加上 8 月 6 日與 9 日，美軍在廣島與長崎各投下一枚原子彈，終於在 1945 年 8 月 15 日，日本裕仁天皇透過「玉音放送」宣布投降，結束了第二次世界大戰。

戰後勝利的同盟國提出對日本的懲罰主要是「東京審判」（1946 ～ 1948 年），戰勝的同盟國在東京進行大審，為了解決發動戰爭和違反人道問題，懲罰發動戰爭的日軍戰犯，特別設置國際軍事法庭。日本作為戰敗國，理應在二戰之後受到強烈的衝擊與嚴厲的懲罰，但由於美國與蘇聯進行冷戰的緣故，美國為了防止共產勢力擴張，決定以日本為盟友，並未追究天皇的戰爭責任，更進一步協助日本進行各種重建工作。

從 1945 年到 1952 年，盟軍統帥麥克阿瑟（Douglas MacArthur, 1880~1964 年）在日本主導實施多項民主化政策，包括協助制定《日本國憲法》，明定日本不得擁有軍隊武力，只有「警察預備隊」（亦即後來的「自衛隊」）、進行農地改革，使佃農成為自耕農；原本的財閥與日本軍事擴張關係密切，戰後也進行改組。透過上述方式，日本從二戰時期美國的敵對國，轉而成為美國在東亞民主戰線的重要夥伴。事實上不僅是日本，臺灣與韓國也在二戰後的美蘇兩大強權競爭中，成為美國在東亞地區的重要夥伴，臺韓兩國也接受美援重大經濟援助。

回顧日本這一路走來，二十世紀初期形成大東亞世界的概念，二戰期間提倡「大東亞共榮圈」，透過 1942 年日本內閣設立「大東亞省」、1943 年由首相東條英機召開的「大東亞會議」，日本帝國發展達到巔峰，隨著日本戰敗，共榮圈也瓦解。

　　不過，由於日本在二戰期間驅逐了在東南亞各地區的歐美宗主國，確實喚醒了亞洲人的自主意識，也讓其後亞洲各國獨立運動陸續展開，影響了日後的東亞政治型態。

- 第一次世界大戰後，1920年在巴黎和會成立一個以世界和平為任務的國際組織。
- 當日本侵略中國的時候，蔣介石執意要清除共產黨的勢力，然而卻遭到張學良的監禁，要求停止內戰，共同抗日。後來蔣介石同意抗日，中國才全面抵抗日本的侵略，史稱「西安事變」。
- 清帝國的退位皇帝溥儀成立的滿洲國，是在日本關東軍扶植下成立的。

大事紀

- 1931年，滿洲事變。
- 1932年，滿洲國建國。
- 1933年，國際聯盟代表團調查日本在中國東北的行為，調查報告指出日本是侵略行為，日本代表不滿，憤而退出國聯。
- 1934年，中國共產黨向西逃竄（兩萬五千里長征、大西遷）。
- 1936年，發生二二六事件、西安事變，國民黨政府停止國共內戰，開始與共產黨合作抗日。
- 1937年，中日戰爭爆發、國共第二次合作、中華民國遷都重慶、南京失陷。
- 1940年，汪精衛政權成立、日德義三國同盟。
- 1941年，日本攻擊珍珠港，太平洋戰爭開始。
- 1943年，中、美、英三國簽署開羅宣言，要求日本歸還在中國所獲得的領土，戰後歸還臺灣給中華民國。
- 1945年，廣島、長崎遭原子彈攻擊，日本投降。

第十章

冷戰造就東亞新形勢

二戰結束後的東亞局勢走向了新的變局，其中
美蘇冷戰扮演了重要的角色。冷戰時期，臺灣
也深受影響。冷戰是怎麼形成的？或許可以從
二十世紀初期共產主義在亞洲的萌芽開始說
起。

隨著西方人陸續來到東亞，除了貿易的經濟活動之外，也為東亞帶來了許多前所未有的變化，從物質上的新科技、新物品、新工具，到思想上的民主、權利、法治等，這些嶄新的事物對東亞世界來說，全都是從未有過的體驗。

　　在漂洋過海來到東亞的眾多學說中，「馬克思主義」影響相當大，尤其是俄國共產革命成功後，馬克思主義在全世界引起一陣風潮，無疑的也為東亞掀起了一陣風暴。東亞各國原來大都是君主制度為主，有著明顯的階級制度，不同階級之間的權力與財富有著極大的落差。當西方各國陸續來到亞洲後，開始推動殖民，面對帝國主義兵臨城下，反對帝國主義和資本的馬克思主義對廣大無產階級而言，就像是黑夜中的一盞明燈。

共產主義在東亞世界延燒

　　共產主義如何興起，要從 1917 年俄羅斯爆發十月革命說起。當時俄國革命家列寧（Vladimir Lenin, 1870~1924 年）領導的武裝政變，成功建立了全世界第一個社會主義國家——俄羅斯蘇維埃聯邦社會主義

共和國。列寧主張喚醒無產階級的階級意識，並帶領他們推翻沙皇的專制以及貴族政治，建立由無產階級專政的國家。蘇聯建國初期，列寧將土地、企業等收歸國有，糧食、民生用品由政府統一分配，讓政府控制所有的資源。

雖然蘇聯 1921 年時改實行新經濟政策，在一定範圍內允許私有經濟，但是整體來說，國家機器大力介入經濟政策的作法，跟現在臺灣的自由經濟政策有相當的落差。俄國無產階級革命成功後，革命主要的領導人列寧更準備透過國際組織的運作，繼續在世界各地推動共產革命，打造共產世界。

當俄國革命成功的消息傳入中國以後，也引起了當時許多知識分子的討論，而李大釗、陳獨秀、毛澤東、周恩來等共產主義支持者也持續透過刊物和辦報宣揚馬克思主義。1919 年五四新文化運動的爆發，為中國的社會、思想、文化、政治帶來大幅度的刺激與改變，共產主義也在這個時期得以大量傳播。

當時列寧組織「共產國際」，聯合世界各地共產勢力。在這樣的背景下，1921 年 7 月 23 日，來自中國各地共產主義小組的十三名代表和兩名共產國際代表，在上海召開了中國共產黨第一次的全國代表大會，正式宣告「中國共產黨」成立。在共產國際的指導下，共產黨在東亞地區陸續開花。日本共產黨 1922 年在日本成立，雖然隔年就被檢舉而在 1924 年解體；但 1926 年再次成立，1928 年又再度被取締，後來黨內的許多重要人物紛紛被捕，最後再度解散。當時日本殖民地朝鮮與臺灣也先後受到共產主義影響。

1925 年 4 月 17 日，朝鮮共產主義者在漢城召開朝鮮共產黨代表大會。朝鮮共產黨目標是趕走日本侵略者，實現民族獨立，最終實現共產主義。1928 年，同樣得利於共產國際的指導，臺灣共產黨在上海法租界成立。根據共產國際對於各國支部「一國一黨」的原則，一個國家只會有一個共產黨，因此當時由日本統治的臺灣，只能在臺灣設

立臺灣民族支部推動無產階級革命。然而，隨著日本共產黨 1928 年在日本國內被取締，臺灣共產黨也被臺灣總督府視為非法政黨而取締，儘管如此，社會主義的思想已經在朝鮮、臺灣蔓延開來了，也推動著人民對未來有新的想像。

1923 年 1 月，中國國民黨總理孫文與蘇聯外交部副部長越飛（ Adolf Abramovich Joffe, 1883~1927 年）在上海會談後，發表聯合宣言，內容包含共同努力促成民國統一，因此允許中國共產黨員以個人名義加入中國國民黨。然而，隨著強力支持國共合作的孫文逝世，中國共產黨人在中國國民黨內部迅速發展卻引起國民黨內不同派系的意見分歧，分裂為以南京蔣介石為首的反共勢力和武漢汪精衛為首的親共勢力。接著，國民革命軍總司令蔣介石直接透過武力在上海進行清黨，大肆追殺共產黨人。原本親共的武漢政府因為政治上的摩擦，加上軍事實力派人物也改變立場反共，之後國共合作便走入歷史。

國共關係的分分合合

國共關係破局，中國共產黨轉而從事地下活動，但是他們在各地的行動全部都以失敗告終，歷經多次挫敗的中國共產黨撤退到江西的井岡山中。由於當時中國國民黨正專心於北伐以及中原大戰，遁入山區的中國共產黨得以苟延殘喘。1930 年，中國共產黨陸續在江西、湖南、湖北、安徽、河南等省分邊境建立根據地。

當時中國陸續面臨外力的侵犯，不過由於蔣介石主張先安內後攘外，一連對中國共產黨進行數次強力的圍剿，中國共產黨最後逃到了陝西與甘肅邊境。就在國民政府準備給一路逃竄的中國共產黨最後一擊時，軍事將領張學良與楊虎城等人為了「停止內戰，一致抗日」的主張而發動西安事變，歷經多次談判，最後事變以和平收場，蔣介石因而停止剿共，國民政府及共產黨一致抗日。

抗戰時期，中國共產黨接受國民政府整編，改編成八路軍和新四

軍參加抗戰。不過，即便如此，國共雙方在抗戰期間仍發生許多衝突。1939 年 11 月，國民政府將領閻錫山的軍隊與八路軍爆發衝突「晉西事變」，影響了國軍第二戰區在晉南三角地帶對日軍的攻勢計劃。1940 年 10 月，新四軍為了擴張根據地，向國軍發動「黃橋戰役」，重創國軍部隊；隔年 1 月，新四軍違抗政府移防命令，第三戰區司令顧祝同向新四軍發動攻擊。這是國共抗戰時期最大規模的武裝衝突，新四軍長葉挺等大約兩萬人被俘，還有近萬人傷亡，史稱「新四軍事件」。

新四軍事件後，國共合作可以說是名存實亡，兩方勢力的角力越演越烈。中國共產黨利用這段時期積極發展，在 1945 年抗戰終於結束時，中國共產黨的勢力來到了歷史高點。隨後，更在第二次國共內戰中，一舉擊潰中國國民黨，將中國國民黨驅趕到孤懸海外的臺灣，統領整個中國。眼看臺灣可能就要成為下一波國共衝突的戰區之際，韓戰的爆發為東亞局勢帶來一線生機，在美國的介入下，臺灣的安全獲得了保障，沒有成為共產世界的一員。

冷戰與韓戰的爆發

在二戰時期，曾經為了共同對抗軸心國而合作的美國與蘇聯，戰爭結束後，雙方的歧見慢慢浮現。因為無論是美國或是蘇聯，都想要將自己的力量伸向國際，證明自己才是強而有力的一方。蘇聯先後透過自身影響力，在東歐扶植了許多共產國家；而面對共產政權的擴展，美國採取反制措施，希望透過「圍堵政策」限制共產主義的擴散，因而支持希臘與土耳其的民主政權，以及為對抗共產主義的國家提供軍事和經濟援助。

美國和蘇聯就像是在競賽一樣，看誰找到更多的朋友與支持者，兩方各自組織盟友，慢慢發展成兩大陣營相互對抗的局面。這種以美國為首的西方列強，與以蘇聯為首的共產主義國家之間的長期政治對

抗，從 1947 年開始，一直持續到 1991 年。雙方雖然不是直接發動武器戰爭，但在許多領域中相互對抗，從軍備競賽、太空競賽、奧運場上，以及西洋棋比賽等，甚至發展核子武器，不過也因為雙方均持有核子武器，相互保證具有毀滅對方的能力，所以雙方從未正式交戰。美蘇兩國這段時間的對抗被稱作「冷戰」。

雖然在這段時期，美國與蘇聯兩國並未直接爆發戰爭，但是兩大陣營之間還是有發生激烈的衝突。1945 年 8 月 15 日，當日本天皇玉音放送，日本帝國宣布向同盟國無條件投降，同時也代表第二次世界大戰結束。自此，朝鮮半島以北緯 38 度為界，分別由美國及蘇聯進行軍事占領。在他們各自的支持下，1948 年 8 月朝鮮半島南部的大韓民國宣告成立，同年 9 月，朝鮮半島北方的朝鮮民主主義人民共和國也宣告成立。朝鮮半島上南北的兩個政府都認為自己才是朝鮮半島上的唯一合法政府，因此雙方建國以來大小衝突不斷。

其中最嚴重的一次，當屬 1950 年 6 月 25 日凌晨，朝鮮人民軍以反擊侵略為由，越過北緯 38 度線，大舉向南發起進攻，韓戰爆發。起初，朝鮮軍隊一路勢如破竹，不過隨著聯合國通過決議案而介入韓戰，戰局開始有所變化。原先節節敗退的韓國軍隊在聯合國軍進行仁川登陸以後，吹起反攻號角，將戰線一路推入了朝鮮境內。眼看戰事不利的朝鮮連忙向共產陣營尋求協助，於是中國以中國人民志願軍名義，派遣部隊參戰，戰局再次扭轉，雙方在北緯 38 度線陷入膠著，只得開始進行停火談判。最後，1953 年 7 月，朝鮮人民軍、中國人民志願軍和聯合國軍三方簽署《朝鮮停戰協定》，這才結束了三年朝鮮半島上的戰爭，然而卻已造成主要城市幾乎被摧毀，死傷無數。

韓戰爆發後，美國為了避免臺灣落入共產主義陣營手中，宣布臺灣海峽中立化的政策，並派遣第七艦隊巡弋臺灣海峽，強調「臺灣地位未定論」，表示《舊金山和約》與《中日和約》僅有日本放棄對臺灣與澎湖的一切權利，並未表明臺灣主權歸誰，讓原本想繼續「解放

「臺灣」的中國共產黨不得不暫緩步伐。

然而中國人民志願軍參與各種戰爭，這也讓新成立的中華人民共和國與美國關係澈底斷絕，美國重新與撤退到臺灣島上的中華民國建立密切的關係，包含了經濟援助以及後續的共同防禦條約。而來自中國人民志願軍在韓戰中大約有兩萬人左右被俘，在選擇遣返目的地時，大約有一萬四千人選擇前往臺灣，僅有六、七千人選擇回到中國大陸，極少數的戰俘前往其他中立國。

這些來到臺灣的戰俘在當時被稱為「反共義士」，他們成為中華民國政府反共宣傳的一大利器——當中華民國與中華人民共和國各自宣稱自己才是唯一的「中國代表」時，在當時這些戰俘的選擇說明了「哪個中國才是中國」，至今兩個陣營的問題持續延燒。

東亞的新形勢形成

不可諱言的是，受到冷戰的影響，東亞世界被分成共產陣營以及民主陣營，兩邊互相試探，也互相妥協，維持著微妙的平衡。然而，就算是同一隊的聯盟，在國家與國家之間也有彼此的矛盾以及各自的利益考量。需要資源補助的國家，即使接受任何一方的協助，也不見得一味的認為出錢的是老大，更不會全然言聽計從。

韓戰的爆發不僅是美蘇兩國之間的矛盾，也加劇中國與臺灣長久以來的政治問題，而韓戰更對東亞世界造成影響。當時，被二戰重創經濟的日本，戰後國內百廢待舉，韓戰爆發時，日本仍由同盟國軍事占領，後來聯合國軍參戰，開始從日本大量採購各式軍需品，這些訂單讓日本工業有機會慢慢復甦，隨著戰事的延長，盟軍最高司令部甚至允許日本生產武器和彈藥，戰時曾經生產飛機或坦克的重工企業得以再次崛起。

另一方面，以日本為首的東亞各國，在戰後因為美國的援助，掌握了已開發國家向東亞這些開發中國家轉移勞動密集產業的機會，紛

冷戰下的金門

在撤退到臺灣不久以後，中華民國政府實際上控制的領土只剩下臺灣省、澎湖和福建省的金門、馬祖地區。由於地理位置的關係，金門不僅僅是國共內戰的前線，甚至是冷戰中自由世界與共產世界的邊界，戰事一觸即發，因此金門長期以來處於軍事化的狀態。

金門曾爆發三場重大的軍事對峙，分別是1949年10月的古寧頭戰役、1954年的九三炮戰以及1958年的八二三炮戰。在八二三炮戰中，解放軍對金門發動密集轟炸，一天之內就有數萬枚砲彈落在金門。在嘗試封鎖的戰略失敗後，來自中國的解放軍仍長期對金門實施間歇性砲擊，直到中美建交以後才宣告停止。原先屬於不同行政區的金門與臺灣，因為國共內戰與冷戰的關係，成為了命運共同體。時至今日，金門仍然保留了許多戰地史蹟。1995年時，更成立了以維護戰役史蹟、文化資產為主且兼具保育自然資源的金門國家公園。

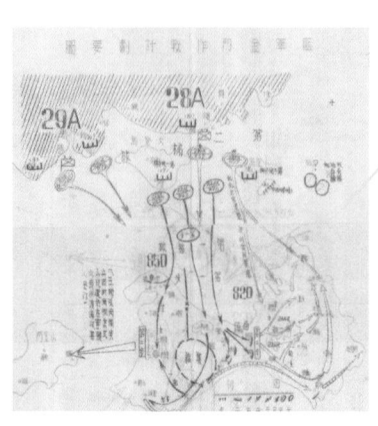

古寧頭戰役時，共軍攻打金門的計畫內容，可見當年戰事緊張的局勢。

紛透過本地的勞動力優勢，吸引更多外國的資金和技術進入，進而創造了經濟的快速成長。日本經濟復甦後，韓國、臺灣也都曾經在國家政策與政府官僚的強力介入下，歷經制度改革和經濟建設，造就了快速的經濟成長，分別創下「漢江奇蹟」和「臺灣奇蹟」的傳奇。這些國外訂單在 1970 ～ 80 年代，讓臺灣家庭代工廠興盛一時，舉凡聖誕燈串加工、吊飾加工、包裝盒子、項鍊加工等等，客廳即是工廠的景象隨處可見。除此之外，各種建設也讓臺灣逐漸發展開始高科技產業。

在二十世紀中後期，臺灣、韓國、香港和新加坡也因為經濟快速成長，而被譽為亞洲四小龍，也都曾嚐過經濟起飛的甜美果實。然而，隨著亞洲四小龍從開發中國家轉型成已開發國家後，開始面臨產業轉型的經濟發展逐漸趨緩，失去當年飛躍成長的光景，而經濟貿易發展的地區也開始轉向東南亞，成為各國爭相積極拉攏的對象，並將勞力需求的工業轉向這些地區，區域經濟的變化，也帶動東亞世界有了新發展。

- 蘇聯在1957年10月4日發射了有史以來第一個人造衛星——史普尼克1號。
- 1950年，聯合國安理會通過決議，由16個國家的軍隊組織聯合國軍參與韓戰，這也是聯合國成立後的第一次軍事聯合行動參與的戰爭。
- 臺灣直到2004年1月才清償最後一筆美援時期的美援貸款。
- 目前史上唯一曾於在職期間訪問臺灣的美國總統是艾森豪總統，他曾在1960年來訪臺灣。
- 美國海軍的第七艦隊的作戰區域涵蓋西太平洋地區，甚至延伸到印度洋和非洲東岸的紅海。

大事紀

- 1917年，俄國十月革命。
- 1919年，共產國際成立。
- 1921年，中國共產黨成立。
- 1945年，第二次世界大戰結束。
- 1946年，中國國共內戰爆發。
- 1947年，美國總統杜魯門（Harry S. Truman, 1884~1972年）發表〈國情咨文〉。
- 1950年，韓戰爆發，杜魯門發表「臺灣地位未定論」。
- 1951年，第二次世界大戰大部分同盟國成員與日本簽訂《舊金山和約》，釐清戰爭責任及法律等問題。
- 1951年，美國通過《共同安全法》援助盟國。
- 1952年，日本主權恢復。
- 1954年，東南亞公約組織成立。
- 1955年，越戰爆發。

第十一章

東南亞局勢大劇變

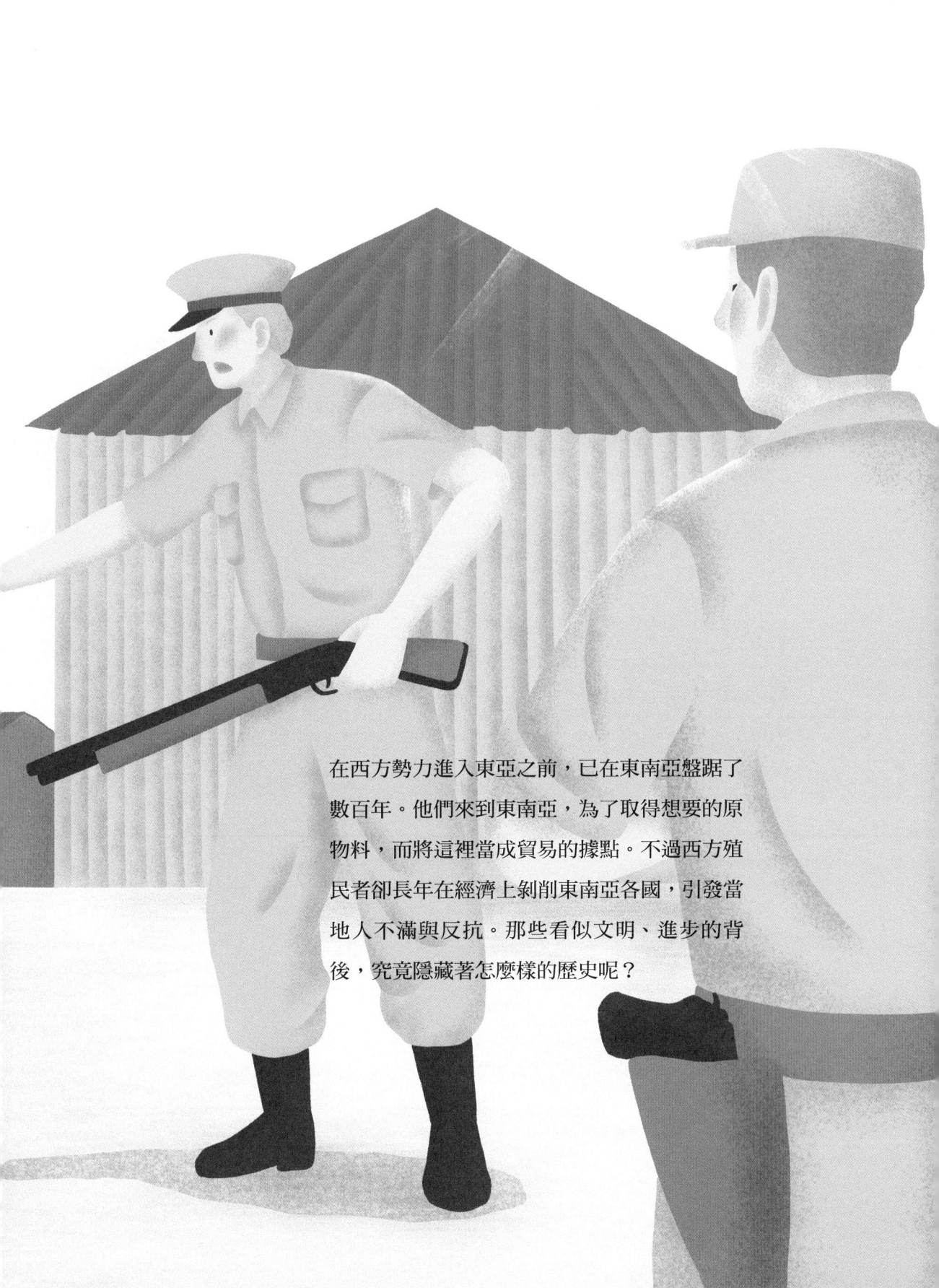

在西方勢力進入東亞之前，已在東南亞盤踞了數百年。他們來到東南亞，為了取得想要的原物料，而將這裡當成貿易的據點。不過西方殖民者卻長年在經濟上剝削東南亞各國，引發當地人不滿與反抗。那些看似文明、進步的背後，究竟隱藏著怎麼樣的歷史呢？

一般講到東亞世界，很容易就只聚焦在中日韓三國的討論。然而臨近東亞世界的東南亞區域發展，卻也與東亞有密切關係，讓我們將鏡頭從東亞的中日韓三國往下移動，來到東南亞的區域，看看這個舊稱「南洋」的東南亞歷史發展是怎麼一回事吧！

其實東南亞地區很早就與東北亞諸國進行互動交流，像是泰國會定期向中國朝廷進貢，象徵其臣屬於中國；越南也曾經受到古中國的占領統治，深受儒家文化影響；汶萊的蘇丹甚至還葬在明帝國時期的南京呢。而蘊藏豐富天然資源的東南亞，其實更吸引著世界各地的商人前來尋找他們想要的原物料，再以更高的價格將原物料賣回本國。自十六世紀起，為了獲取香料和開拓遠東貿易路線，葡萄牙、西班牙、荷蘭、英國和法國等國先後前往東南亞開拓據點，與同時期來到東南亞做生意的中國商人不同，西方國家藉著船堅砲利打敗當地統治者，取而代之成為殖民者，坐享當地所有資源。

革命吧！西方殖民者必須離開東南亞

在西方人開拓澳門、香港、上海等東北亞殖民據點之前，他們早就在東南亞盤踞多年。西方人來到東南亞，主要是想取得香料，並將這裡當成香料貿易的據點。最先抵達東南亞的是葡萄牙人，他們於1511 年占領了當時繁榮的商港麻六甲；隨後，具有「海上馬車夫」之稱的荷蘭人打敗了葡萄牙人，成功取得麻六甲，再將勢力範圍擴展到今天的印尼群島。與此同時，西班牙人從東邊的太平洋奪取了菲律賓群島的控制權，以武力的方式統治當地人。

長時間的打壓與脅迫，讓當地人對西方殖民者的反感與日俱增。部分東南亞菁英分子深感土地被掠奪、文化被踐踏，而底層人民被迫從事義務勞役，於是有人便開始力求爭取改善待遇。然而和平改革大多走向失敗的命運，他們只好發起更激烈的革命運動。

東南亞的革命運動風潮

東南亞革命與二十世紀初源自歐洲的共產主義與民族主義思潮有關聯，以「反殖民」的號召感染了東南亞知識分子和民眾，紛紛加入了反西方抗爭，這些遍地開花的革命最終使一些國家，如越南、柬埔寨、寮國等地，轉由左派和共產組織掌權，但隨後殘酷暴力的政治鬥爭，反而造成更大的社會動盪。而那些留在西方資本主義陣營的國家，如菲律賓、馬來西亞、印尼等，雖然成功使國家經濟發展及建設現代化，但也因領袖戀權或貪污，使經濟繁榮穩定的理想功虧一簣。

西方殖民者長年在經濟上剝削東南亞各國，使當地民不聊生、怨聲滿道，觸發了各種反抗殖民者的革命運動。像是西班牙統治下的菲律賓，當時西班牙採用「監護制度」，准許白人監護者強迫菲律賓人為其勞役，並徵收重稅。由於原住民經常遭受不平等對待，為了反抗西班牙人的剝削，一位眼科醫師黎剎（José Rizal, 1861~1896 年）便倡導以和平的方式爭取改革，但最終失敗被捕；直到地下組織「卡蒂普南」在 1896 年以激進的方式進行武裝革命，菲律賓最終成功脫離西班牙，暫時獨立。

同為島國的印尼也曾受西方殖民者長期的剝削和壓迫，荷蘭人在爪哇島建立了巴達維亞政府，隨後不斷擴展勢力至其他島嶼。殖民者先是將當地王族反抗者放逐到另一個殖民地南非，再推行「強制耕種制度」，強迫原住民向政府上繳農產品，以達到徵收可觀的賦稅，這種日積月累的壓迫，使本土菁英開始開展反抗運動。一開始，溫和派發起的「至善社」主張透過議會進行社會改革，但效果不顯著，更無法緩和當地人的反抗情緒，因此後來立場更鮮明的組織，如「印尼國民黨」、「印尼共產黨」和「伊斯蘭聯盟」等，分別從民族、階級和宗教出發，激烈反抗荷蘭殖民統治。1949 年，印尼人終於在人氣領袖蘇卡諾（Soekarno, 1901~1970 年）的帶領下打贏獨立戰爭，脫離了荷蘭統治。

中南半島上越南的獨立過程則更為激烈。發生在越南的種種問題都源自於法國人不尊重當地佛教和儒家習俗，反而獨尊天主教信仰。擁有強烈民族自豪感的越南人不滿自己的文化傳統被漠視和打壓，於是發起了由士大夫主導的「勤王運動」，試圖以「保皇」為由，反抗法國殖民統治。後續更有知識分子領導的獨立運動，他們學習中國國民黨和共產黨的革命經驗，最終由左派的胡志明（Ho Chí Minh, 1890~1969 年）陣營打敗了法國殖民者，取得獨立。

相較西荷法三國較為高壓統治下的菲律賓、印尼和越南，最晚進入東南亞的歐洲殖民者英國人吸取了前者的寶貴經驗，在治理其殖民地馬來亞（馬來西亞前身）時，手段較為溫和。英國人沒有推翻當地王室，而是委派白人顧問「參政司」與蘇丹（當地國王）共同治理屬地。英國人也尊重當地的宗教和文化，並未強制原住民更改信仰和使用英文。此外，英國殖民者以經商而非攫取當地資源作為統治基礎，讓馬來亞比其他東南亞殖民地有較完善的公共建設、法律制度和教育體系。

英國殖民下的馬來半島因為經濟相對繁榮、民生處理得當，自然就沒有醞釀出激烈的反抗運動。不過反殖民浪潮是跨域性的，英國人深知馬來亞人追求獨立無可避免，便提前規劃馬來亞的建國方案，以保障未來獨立後，英國仍能保有商業利益。1956 年，曾留學英國的當地王族東姑阿都拉曼（Tunku Abdul Rahman, 1903~1990 年）率領代表團前往英國商議獨立，在各方利益都得到合理分配下，英國殖民者最後放手讓殖民地獨立，並保全了自己的利益。

從東南亞各國對西方殖民的認同與反彈反應中，我們可以發現，相對較溫和對待當地人的殖民者得以體面的離開，像是英國；反之，那些長期剝削當地人、漠視當地文化的殖民者，最終都被當地人強制驅逐出境。正所謂「哪裡有壓迫，哪裡就有反抗」，共產主義運動之所以在東南亞興起，以至於後來發生的越戰和各地的游擊戰，與西方勢力殘酷的殖民歷史有一定程度的關聯。

東南亞赤化聲浪漸起

有別於共產主義者在歐洲以「反資本主義」來號召民眾參與其中；在亞洲，共產主義運動則是打著「反殖民」和「反帝國主義」的旗號。雖然共產主義進入東南亞後，的確激發了當地反殖民獨立運動的興起，但共產黨派並沒有立刻就成為東南亞各國勢力最強大的政治組織。

主要是因為，東南亞各國雖然反殖民，但是當權者仍在資本主義和共產主義兩大意識型態之間擺盪。當地的王室、商人和軍方雖然追求從西方人的統治中獨立出來，但他們仍然為了利益等原因，支持資本主義與自由經濟。不過，同樣爭取獨立的知識分子中，卻有大量的反西方和反王室的左翼激進派，積極的參與共產運動，尤其是共產主義活動曾經最活躍的新馬地區和中南半島，更是衝突不斷。

在 1957 年馬來亞獨立之前，英國殖民政府與馬來王室和華裔商人

的關係良好。支持共產主義的群體多是受種族歧視、排擠的華人和反對王室的左翼馬來知識分子。儘管他們的勢力相對單薄，英國人和馬來王室卻對他們暴力革命的運作方式相當恐懼。當時當權者為了打擊共產黨，將許多華人集中到四面圍籬的「新村」，防止居民用物資接濟藏匿在森林中、逃避政府追捕的共產游擊隊。歷經十二年的戰鬥，當地共產組織才被打敗並驅逐出境。

　　比鄰馬來西亞的新加坡同樣面對左翼共產勢力的挑戰，西方國家擔心新加坡華人社會會被中國共產黨煽動反西方情緒，而成為中共在東南亞的傀儡，加上曾留學英國的新加坡建國總理李光耀憎惡共產主義，他以實際行動強力壓制左派共產勢力，更將新加坡建設成西方勢力認可、青睞的投資基地。

在中南半島，共產陣營的勢力更強大。這個地區距離中國較近，且反殖民情緒更猛烈。二戰後，法國重返當地，但不受當地人歡迎，而反對西方殖民主義的胡志明組織「越南獨立同盟」，以共產主義為號召，透過游擊戰和中蘇兩國的援助，成功在 1954 年奠邊府戰役中擊退法國。當法國人撤走之後，胡志明領導的北越政權對親美國的南越政權境發動游擊戰，這也迫使美國為了防止共產勢力在東南亞繼續擴張，只好千里迢迢派兵來到越南鎮壓。

不過美國軍方在越南使用不人道的武器（如除草劑和汽油彈）對付共產游擊隊，也受到重視自由、人權的美國本土民眾強烈指責，加上南越政權本身因為排擠佛教徒和貪污腐敗等政治亂象，引發當地民眾不滿，共產勢力很快擴張至南越地區。1975 年，南越首都西貢被北越軍隊占領，致使南越政權垮臺，美國撤出越南，越南全境澈底赤化，落入共產主義掌握之中。

1975 年南越首都西貢淪於共產黨手中，美國中央情報局（CIA）嘗試用直升機撤離當地僑民。

臨近越南的柬埔寨狀況更是有過之而無不及。1975 年，親中國的當地共產組織打敗了親美的「高棉共和國」軍事政權，建立了激進的左派「赤柬」政權。掌權的「赤柬」對柬埔寨社會進行「社會主義」改造，將都市人口強制遷移到農村，並重塑家庭觀念，就連結婚都需由政府安排。他們還打擊與資本有關的經濟活動，包括廢除銀行和設立集體農莊；與此同時，也針對反對派和知識分子實施「大清洗」，屠殺了上百萬人，鑄成「反人類」罪行。

從原先單純的反殖民獨立運動，到後來的越戰，不難發現，東南

亞在當時成了資本與共產陣營彼此之間的角力場域，其中多場由東南亞當地人發動、大國幕後主使的「代理人戰爭」——雖然美國、歐洲、蘇聯和中國並沒有直接參與戰事，但仍間接擔任東南亞各國的「代理人」，展現他們的國際影響力。蘇聯和中國用財力、人力支持東南亞共產主義運動，而西方勢力以支持當地王室、軍方和商人的「反共」形式繼續留守在東南亞。

東南亞的現代化學習路

脫離西方國家的統治後，東南亞處於民族主義興起、強勢統治者領導的政治環境中。眼見日本、韓國和臺灣的經濟迅速起飛，並擺脫了過去一窮二白的困境，各國在獨立初期都期望可以自力更生，紛紛學習東亞國家的成功經驗。

不過，家家有本難念的經，每個國家都有各自的困境與難題。像是 1940 年代末獨立的印尼，本來在親蘇聯的總統蘇卡諾領導下實施封閉式的經濟政策，直到 1967 年，軍人總統蘇哈托（Suharto, 1921~2008年）政變上臺後，改往西方陣營靠攏，大舉開放市場，振興經濟。在新的親商政策下，印尼政府邀請日本企業前來投資製造業，也努力爭取歐美資金援助，最後經濟民生得到了改善。不過，印尼經濟的現代化雖然成功，卻也滋長了官員貪污腐敗的歪風，像是總統蘇哈托不僅將國營事業分包給自己的兒女，還幫助依靠私人關係上位的商人謀取印尼各產業的特許經營權，導致大部分經濟利益都掌握在總統和他的親信手中，沒有公平的分享給平民百姓，也因此更拉大了貧富差距——富者越富，窮者越窮，這也造成首都雅加達貧民窟四處可見，偏鄉地區更未曾通水通電，底層民眾生活困苦。

無獨有偶，鄰國的馬來西亞，首相馬哈迪（Mahathir Mohamad, 1925~）也發起了「向東學習」運動，鼓勵學生到日本學習最新技術和管理模式，並引進日本企業帶動本土經濟發展。日馬兩國共同研發的

國產車「寶騰賽佳」，為馬來西亞汽車工業打下根基。馬來西亞政府大舉投入建設，興建了當時全球最高的辦公大樓「國油雙峰塔」，並籌設了軟體園區「多媒體超級走廊」。馬哈迪的作風獨裁，任內更數次透過「內部安全法令」打壓政敵；跟印尼蘇哈托一樣，他也任人唯親，只任用忠於自己的商人和高官，直至現在，我們仍可以從國際新聞中看見馬來西亞一些貪污、舞弊的情形持續發生。

正逢 1970 年代開始，東亞勞工薪資上漲，國際企業開始將生產線外移到勞力成本較低廉的東南亞，因此東南亞各國政府積極邀請外資前來建設工廠，增加當地的就業機會。結合低勞動成本、親商政策和國際資本流動這三大要素，以歐美和東亞為主的外國資金湧入東南亞，使得馬來西亞、印尼、菲律賓和泰國經濟在 1990 年代空前繁榮，更被稱為「亞洲四小虎」。

不過好景不長，「亞洲四小虎」在 1997 年遭受「亞洲金融風暴」嚴重衝擊，經濟從此陷入低迷，至今仍未恢復危機前的元氣。這要歸咎於東南亞國家領袖的好大喜功，痴迷於過度借貸的大型建設，同時忽視了產業升級的重要性。他們更中飽私囊，不但將國庫通自己的財庫，還助長貪腐行為。表面上他們參考了東亞「強人領導」的經濟，但實際上卻忽視了要對人民負責的重要性。

反觀領土最為狹小的新加坡，連水源、蔬果、肉類等民生用品都需要仰賴鄰國馬來西亞供給，亦是東南亞資源最匱乏的國家，卻成了東南亞最現代化的經濟體。這跟新加坡建國元勳李光耀強調杜絕貪污公平競爭、不分種族一視同仁的國家政策息息相關。新加坡擺脫了西方殖民傳統中統治者剝削民眾的政治經濟體制，是東南亞現代化國家最成功的例子。

在歷史上，不管是東亞人還是西方人，都將東南亞當作「化外之地」，視為攫取天然資源的地方，外來統治者只維護自己民族的利益，當地人的生計死活不受重視。如今，西方勢力離開了東南亞，各

國自立自強，走上了現代化發展之路。儘管東南亞人間中遇到了不少挫折、犯下了不少錯誤，他們不斷學習東亞人和西方人的經驗，獨立自主的建設自己的新家園，期盼有一個美好的將來。

歷史小事報你知

- 印尼是世界上最大的群島國度，又有萬島之國的稱號，其中爪哇島是人口最密集的島嶼之一。
- 東南亞各國有很多來自中國南方的移民後代，不少都跟臺灣人祖輩一樣，源自福建、廣東等地區，因此東南亞有許多地區都有說國語、福建話（臺語）、客家語、廣東話（粵語），甚至福州話。
- 由於被日本殖民過，臺灣深受日本文化影響；東南亞各國則基於西方殖民歷史，荷蘭、西班牙、法國和英國分別對印尼、菲律賓、越南、馬來西亞和新加坡產生很大的文化影響力。

大事紀

- 1896年，地下組織「卡蒂普南」發起武裝革命，帶領菲律賓走向獨立。
- 1945年，蘇卡諾單方面宣布獨立，引發印荷戰爭。
- 1947年，翁山（Aung San, 1915~1947年）成功爭取緬甸從英國獨立，後來卻被暗殺。隔年，英國實施打擊馬來亞共產黨的「緊急狀態」。
- 1954年，法國撤出中南半島，越南進入南北對峙。
- 1956年，馬來亞代表團前往英國商議獨立，隔年和平建國。
- 1965年，新加坡被迫退出馬來西亞聯邦，獨立建國。
- 1965年，菲律賓總統馬可仕（Ferdinand Emmanuel Edralin Marcos, 1917~1989年）上臺，並推行多項大型建設，造成貪汙腐敗。
- 1975年，越南西貢（胡志明市）淪陷，南北越統一。
- 1975年，赤柬掌權，柬埔寨進入極左恐怖統治。
- 1981年，馬來西亞首相馬哈迪發起「向東學習」運動，引進日資發展國產車。
- 1997年，亞洲金融風暴衝擊東南亞各國，「亞洲四小虎」風光不再。

第十二章

亞洲世紀到來！

從部落到建立國家，從經濟落後的處境到躍升為今日全球重要的經濟體，尤其是近代中國躍居世界強權，一舉一動都將撼動世界經濟與區域和平。歷史巨輪仍持續滾動，東亞世界又將有什麼變化呢？

1947年，美蘇冷戰開始，雙方爭了三、四十年，直到1980年代，蘇聯疲態日益顯露，由美國領銜的資本主義國家陣營慢慢看到冷戰勝利的曙光，而世界各地許多的共產政權也開始面臨是要選擇「加速改革轉型」，還是要「強勢抵抗」，其中也包括了自1970年代末期已開始改革開放的中國。無論是瞄準中國市場潛力的外國經商者，或是希望民主化席捲中國的外國倡議人士，都對共產黨治理下的中國將如何轉型密切關注。

關鍵的一年：1989

　　1980年代，日本與南韓、臺灣、香港及新加坡亞洲四小龍在經濟方面已經獲得顯著成長，逐漸逼進西方國家生活水平，但同樣位於東亞，擁有數億人口、過去曾呈半封閉狀態的共產中國，仍被不少外界人士寄予厚望，許多人認為中國將是未來擁有最大成長潛力的東亞經濟體。

　　雖然已經開展數年的改革開放，釋放了中國社會活力，但同時也催化了新問題，包含導入市場經濟，讓中國的經濟有了爆發性的成長，卻引發國內通貨膨脹、物價高漲危機。此外，有了錢，隨之而來的權力、貪腐等弊病也慢慢浮現，民心越來越動盪不安，自由民主的西方思潮也開始讓知識分子試著與政府溝通，希望政府以「政治改革」來回應社會發展瓶頸的輿論也日益增強。

　　這股呼籲改變的聲音不僅來自民間，許多中國的官員在中央與地方層級展開各種新嘗試。不過，改革開放的聲浪並不是一面倒，反而造成社會主義體制的保守派強力反撲，甚至發起「反對資產階級自由化」的左傾運動，這讓中國邁向自由化路線始終屢遇苦戰。

　　這場僵局終於在1989年引燃烈火。當年四月「悼念胡耀邦」活動開響了第一槍，訴求改革的民間示威開始在中國全境遍地開花，其中以北京天安門廣場的學生長達兩個月的示威集會最獲關注，當然也為

官方帶來龐大壓力。

　　一開始，中國政府內部對於要怎麼處理示威事件的意見分歧，最終以「希望強力壓制」的主張占了上風，「武力解決示威活動」成為政府應對民眾的最終定案。6月4日，官方派出中國人民解放軍、武裝警察部隊和人民警察強行武力清場，導致「六四天安門事件」及其他流血事件，中國政治自由化的腳步戛然而止。當時面臨巨大統治危機的中國共產黨，最終卻能在軍隊護持下全身而退，這對中國、東亞及世界的後續共產勢力發展造成深遠影響。

　　1989年的政治動盪，讓險遭倒臺的中國共產黨領導人有了新的決定，他們要為接下來的國家發展途徑設下新框架。在中國共產黨的最高領導人鄧小平於廣東、上海等地讚揚市場的「九二南巡」後，經濟自由化的步調重新提步加速，揉合威權政體與半市場化經濟的改革開放路線獲得確立，官方說法的「社會主義市場經濟」也於1993年正式寫入《中華人民共和國憲法》中，中國經濟逐漸進入高速成長時期。

世界工廠 + 金融中心的共同加值

　　1990年代開始，中國挾著大量廉價且高素質的勞動人口，快速的成為勞力密集產業的「世界工廠」，無論是西方的美國、歐洲，或是東亞的日本、南韓與臺灣都爭相到中國投資，一方面將其當作生產外銷品的基地，另一方面，由於中國境內人口也是龐大的潛力市場，因此選擇在中國產製，也能就近供應這個巨大的消費市場。

　　除此之外，前英國殖民地「香港」當然也扮演著關鍵角色。過去香港曾是製造業重鎮，1997年，英國將主權移交給中國後，隨著改革開放，相關產業轉移至中國大陸，如今的香港國際貿易和金融中心的定位也越加重要，同時也成為外國資本進入中國的重要橋梁。

　　2001年，中國加入世界貿易組織（WTO）後，作為生產基地的中國競爭力也進一步提升。隨著全球化的時代來臨，越來越多的外來資

本看準中國的發展性，因此紛紛投入資源，這也協助奠定了中國經濟成長的基礎。

不過，可別以為中國的經濟成就全是自然而然發展的結果，中央與地方層級的政府也扮演關鍵角色，中國政府一方面提供外商優惠的租稅、資源與土地，協助外商能快速在中國落地、展開事業；另一方面，中國政府更軟硬兼施，要求這些外商將技術轉移給中國企業，雖然這些迫使外商移轉技術的行為，引起不少外商企業不滿，但是礙於擔心中國官方報復，或是將他們拒絕在中國龐大市場外頭，因而企業大多選擇低調接受。此外，對內也積極金援本國企業發展，讓中國本土民營企業獲得發展機會，國有企業也同時獲得新生，一同走向國際舞臺競爭。

中國政府在 1999 年催生的「走出去」戰略，更在 2014 年啟動的「一帶一路」戰略，希望透過絲綢之路經濟帶和二十一世紀海上絲綢之路，將貫穿亞洲、歐洲、非洲大陸的路線，串連亞歐經濟圈，除了想要與沿路經過的所有國家進行貿易等合作外，也為中國的經濟發展帶來龐大推力。這種在全世界面前高調推動或金援大型基礎建設案，讓大家對於中國的經貿實力越來越有感。

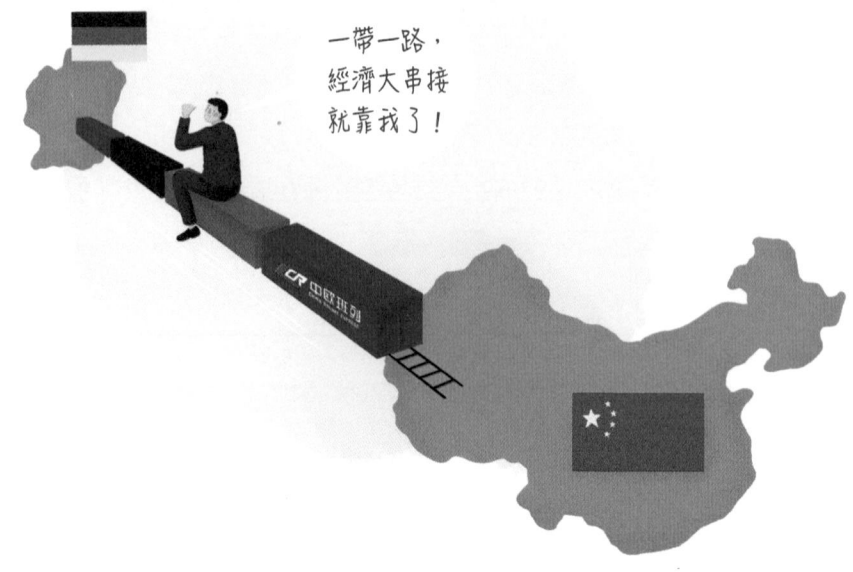

一帶一路，
經濟大串接
就靠我了！

中國經貿實力崛起，也讓中國在國際事務上的話語權逐漸提升，加上中國於 1997 年亞洲金融風暴受損輕微；2008 年時，即使全球金融海嘯，中國仍推出「四萬億投資計劃」，注入巨量資金，刺激本國需求恢復，也帶動全球經濟加速復甦。中國的各種行動讓世界各國領袖深刻意識到，中國不再是那個後進國家，而是一個連西方國家都可能需要仰賴的全球強權。

東亞地區面對中國崛起的反應

中國的經濟崛起，卻也同時為鄰近的東亞國家帶來機遇與挑戰。一方面中國龐大的市場吸引眾多東亞企業進軍投資，也成為東亞多國產品外銷擴張的動能來源，因為各國與中國之間有貿易互利互惠關係。然而，中國與鄰國在爭議海域上的衝突以及經濟上的競爭，卻讓各國對中國在政治、經濟等因素過度影響其社會發展的憂慮，而周遭國家對中國崛起也不完全放心，紛紛希望能拉攏軍事上相對強勢的美國來平衡，尤其是用軍力嚇阻中國的各種不利作為。

以日本為例，日本的汽車、電子產品在中國市場廣受歡迎，然而中日針對釣魚臺列嶼主權議題、歷史上戰爭過往仍讓中國、日本關係難稱友好，甚至曾在 2012 年發生中國反日示威浪潮，這讓日本因此抓緊 1960 年與美國協議的《美日安全保障條約》，希望保持雙方密切軍事合作；日本國內呼籲修改《日本國憲法》第九條，要求恢復戰力與交戰權的聲音也從未停歇。

在南韓方面，韓國政府一直與美國有密切軍事關係，但與中國也有深厚經貿互動，因此也常常面臨兩難的窘境。2016 ～ 2017 年，南韓在美國協助下，部署薩德反飛彈系統，惹得中國官方不滿意，官方甚至頒出旅遊禁令，中國民間也發生抵制南韓企業製作的商品、封殺南韓藝人演出等事情，試圖表達對南韓的不滿。

除了中國的崛起外，隨著全球化時代來臨，要到國外已經不是困

難的事情，各種東亞品牌產品、日韓流行文化的成功往歐美世界輸出，無論是戲劇或韓國流行音樂 K-pop、藝人團體皆紅遍全球，東亞各國在世界舞臺上的能見度是水漲船高，大有「亞洲世紀」即將到來，快要可以和歐美平起平坐的趨勢。

而在東南亞國家方面，崛起中的印尼、越南、菲律賓、泰國等國外銷產品則仰賴銷往到中國內需市場，且中國資金也大舉在世界各國投資，龐大的經濟利益都讓許多東南亞國家不願與中國在南海主權等爭議上直接碰撞，或是得罪中國政府，即使是在由東南亞十國組成的東南亞國家協會（東協，ASEAN）也都難以產生對中國強硬的態度。不過，東南亞各國也不只是仰賴中國鼻息，他們選擇同時和美國加強合作關係，辦理雙邊軍演、促成經貿聯繫，就是為了讓相對弱小的東南亞各國不再受制於中國日益擴大的影響力。

中美新冷戰即將來臨？

中國過去四十年的經濟崛起，引發東亞鄰國的期待與焦慮，也讓遠在太平洋彼岸的世界強權美國密切關注。儘管中國崛起的確也為美國企業帶來商業利益，但美國仍日益警惕於中國對其獨霸地位的衝擊，因此中美關係越來越緊張，也讓東亞其他各國家相當憂心。

中國並沒有因為快速的經濟成長而停下腳步，反而加速經濟量體，持續追趕美國，更希望能大幅提升國際影響力。尤其在現任中華人民共和國主席習近平於 2013 年就任後，更是將外交姿態逐漸從「韜光養晦」轉為「奮發有為」，對內則採取更為鐵腕的統治手段。這些舉動都讓美國政府相當感冒，因此當川普（Donald John Trump, 1946~）於 2017 年就任美國總統後，其團隊採取較前幾任美國政府更強硬的中國政策，並於 2018 年初展開了中美貿易戰。

中美鬥爭逐漸浮上檯面，彼此除了在商業上較勁，壓制對方，也在科技等非傳統軍事面向相互較勁。儘管川普在 2020 年美國總統大選

落敗，但是接任的民主黨籍總統拜登（Joe Biden, 1942~）大致上仍維持對中強硬的外交路線，並積極攏絡區域盟友。另一方面，中國始終未曾放棄武力犯臺，而美國則基於 1979 年訂定的《臺灣關係法》，主張臺海任一方不得片面主張改變現況，因而多年來持續協防臺灣；加上 2019 年末延燒的 Covid-19 疫情，臺灣傑出的防疫表現，也逐步提升國際聲量，隨著臺美合作日益密切，也加深了中國對美的不滿，中美兩國關係已經惡化到 1979 年建交以來的最低谷。

若將中美關係、東亞局勢與世界秩序時間拉遠一點來看，中國 1989 年失敗的政治革命，至少要算是當今困局形成的關鍵之一。當時政治自由化進程停滯的中國，難以獲得西方自由民主國家的認同，而在經濟發展速度逐漸降速後，中國政府也越來越愛運用反外民族主義來鞏固正當性，這讓以美國為首的西方國家想法分歧──要不帶憂心與焦慮的看待中國崛起，確實相當困難。

究竟中美是否會像之前美蘇一樣邁入新冷戰？還是會找到新平衡點呢？除了在中、美之間表態選邊站之外，東亞國家是否還有其他選擇呢？面對疫情讓全世界幾乎都大受影響，東亞是否會取代歐美成為世界新核心，還是會和其他已開發國家一樣，在人口老化趨勢下經濟表現逐漸黯淡呢？歷史仍在持續滾動，而未來命運的決定權則掌握在你我手中，等待我們創造新歷史！

- 儘管臺灣早在1990年即申請加入WTO的前身關稅暨貿易總協定（GATT），但面對中國亦欲加入的態勢和國際現實壓力，WTO只好接受「先中國、後臺灣」加入的安排，所以中國於2001年12月加入WTO後，臺灣則在2002年1月以「臺灣、澎湖、金門、馬祖個別關稅領域」加入。
- 日本史上連續在任時間最長的首相是安倍晉三，其第一任期為2006年9月26日～2007年9月26日，第二任期則是2012年12月26日～2020年9月16日。
- 3.美國第四十五任總統唐納・川普成為總統前，曾是美國著名企業家與電視節目主持人，他在全球投資經營房地產、賭場和酒店，並曾於2004~2015年主持相當聞名的NBC真人秀系列節目《誰是接班人》。
- 1980年5月在韓國光州及全羅南道地區，當地民眾組織民主抗爭，卻遭當時陸軍中將全斗煥下令以武力鎮壓，造成眾多平民和學生死傷，有許多著名韓國電影觸及此歷史事件，包含《薄荷糖》、《華麗的假期》與《我只是個計程車司機》等。

大事紀

- 1989年，六四天安門事件發生，中國政治自由化遭遇打擊。
- 1992年，九二南巡，鄧小平在中國南方城市巡視講話，重新啟動中國改革開放的進程。
- 1997年，香港主權移交予中華人民共和國。
- 1997年，亞洲金融風暴，亞洲各國經濟遭受嚴重打擊。
- 2001年，中國加入世界貿易組織（WTO）。
- 2008年，全球金融海嘯，中國推出四兆人民幣擴大內需方案。
- 2008年，北京奧運會。
- 2012年，習近平年底就任中國共產黨中央委員會總書記，隔年初再就任中華人民共和國主席。
- 2014年，中國啟動「一帶一路」戰略。
- 2018年，中美貿易戰開打。
- 20.19年，香港爆發反對逃犯條例修訂草案運動，又名「反送中運動」。
- 2020年，嚴重特殊傳染性肺炎（COVID-19）疫情於中國武漢爆發，隨後快速傳遍全球。

附錄

本書與十二年國基本教育社會領域課綱學習內容對照表

國民小學中年級教育階段（3-4 年級）

學習主題軸	內涵概念	能力指標編碼與主要內容		對應內容
A. 互動與關聯	a. 個人與群體	Aa-II-2	不同群體（可包括年齡、性別、族群、階層、職業、區域或身心特質等）應受到理解、尊重與保護，並避免偏見。	第四章、第六章
	b. 人與環境	Ab-II-1	居民的生活方式與空間利用，和其居住地方的自然、人文環境相互影響。	序章、第四章
		Ab-II-2	自然環境會影響經濟的發展，經濟的發展也會改變自然環境。	第十一章
	d. 生產與消費	Ad-II-1	個人透過參與各行各業的經濟活動，與他人形成分工合作的關係。	第十二章
	f. 全球關連	Af-II-1	不同文化的接觸和交流，可能產生衝突、合作和創新，並影響在地的生活與文化。	全書
B. 差異與多元	b. 環境差異	Bb-II-1	居民的生活空間與生活方式具有地區性的差異。	第三章、第四章、第六章 第七章、第十一章
	c. 社會與文化的差異	Bc-II-1	各個族群有不同的命名方式、節慶與風俗習慣。	第六章、第七章 第十一章
C. 變遷與因果	a. 環境的變遷	Ca-II-1	居住地方的環境隨著社會與經濟的發展而改變。	全書
		Ca-II-2	人口分布與自然、人文環境的變遷相互影響。	第三章、第四章、第五章 第八章、第十二章
	b. 歷史的變遷	Cb-II-1	居住地方不同時代的重要人物、事件與文物古蹟，可以反映當地的歷史變遷。	全書
	c. 社會的變遷	Cc-II-1	各地居民的生活與工作方式會隨著社會變遷而改變。	第四章、第六章 第八章、第十二章

國民小學高年級教育階段（5-6 年級）

學習主題軸	內涵概念	能力指標編碼與主要內容		對應內容
A. 互動與關聯	a. 個人與群體	Aa-III-3	個人的價值觀會影響其行為，也可能會影響人際關係。	第八章
	b. 人與環境	Ab-III-1	臺灣的地理位置、自然環境，與歷史文化的發展有關聯性。	第六章
		Ab-III-3	自然環境、自然災害及經濟活動，和生活空間的使用有關聯性。	第十一章
	c. 權力、規則與人權	Ac-III-2	法律是由立法機關所制定，其功能在保障人民權利、維護社會秩序和促進社會進步。	第九章
		Ac-III-4	國家權力的運用會維護國家安全及社會秩序，也可能會增進或傷害個人與群體的權益。	第十二章
	e. 科技與社會	Ae-III-1	科學和技術發展對自然與人文環境具有不同層面的影響。	第十章、第十一章
		Ae-III-2	科學和技術的發展與人類的價值、信仰與態度會相互影響。	第十章、第十一章
	f. 全球關連	Af-III-2	國際間因利益競爭而造成衝突、對立與結盟。	第三章、第四章、第六章 第十章、第十一章、第十二章
B. 差異與多元	b. 環境差異	Bb-III-1	自然與人文環境的交互影響，造成生活空間型態的差異與多元。	第三章、第四章、第五章 第八章、第十二章
	c. 社會與文化的差異	Bc-III-2	權力不平等與資源分配不均，會造成個人或群體間的差別待遇。	第四章、第六章
C. 變遷與因果	c. 社會的變遷	Cc-III-2	族群的遷徙、通婚及交流，與社會變遷互為因果。	第三章、第六章 第九章、十一章
	d. 政治的變遷	Cd-III-1	不同時空環境下，臺灣人民透過爭取權利與政治改革，使得政治逐漸走向民主。	第八章
	e. 經濟的變遷	Ce-III-1	經濟型態的變遷會影響人們的生活。	第八章、第十章 第十一章、第十二章
		Ce-III-2	在經濟發展過程中，資源的使用會產生意義與價值的轉變，但也可能引發爭議。	第七章、第八章、第十章 第十一章、第十二章

國民中學教育階段（7-9 年級）

學習主題軸	內涵項目	能力指標編碼與主要內容		對應內容
A. 歷史的基礎觀念		歷 A-IV-1	紀年與分期。	全書
B. 早期臺灣	a. 史前文化與臺灣原住民族	歷 Ba-IV-1	考古發掘與史前文化。	序章
	b. 大航海時代的臺灣	歷 Bb-IV-1	十六、十七世紀東亞海域的各方勢力。	第五章、第七章
C. 清帝國時期的臺灣	a. 政治經濟的變遷	歷 Ca-IV-1	清帝國的統治政策。	第六章
	b. 社會文化的變遷	歷 Cb-IV-1	原住民族社會及其變化。	第十一章
		歷 Cb-IV-2	漢人社會的活動。	第四章、第六章
E. 日本帝國時期的臺灣	a. 政治經濟的變遷	歷 Ea-IV-1	殖民統治體制的建立。基礎建設與產業政策。	第六章、第七章 第九章、第十一章
	b. 社會文化的變遷	歷 Eb-IV-1	現代教育與文化啟蒙運動。	第八章、第十一章
		歷 Eb-IV-3	新舊文化的衝突與在地社會的調適。	第十一章
F. 當代臺灣	a. 政治外交的變遷	歷 Fa-IV-4	臺海兩岸關係與臺灣的國際處境。	第十二章
	b. 經濟社會的變遷	歷 Fb-IV-1	經濟發展與社會轉型。	第八章、第十章 第十一章、第十二章
H. 從古典到傳統時代	a. 政治、社會與文化的變遷、差異與互動	歷 Ha-IV-1	商周至隋唐時期國家與社會的重要變遷。	序章、第一章
		歷 Ha-IV-2	商周至隋唐時期民族與文化的互動。	序章、第一章、第二章
	b. 區域內外的互動與交流	歷 Hb-IV-1	宋、元時期的國際互動。	第三章、第四章
		歷 Hb-IV-2	宋、元時期的商貿與文化交流。	第三章、第四章
I. 從傳統到現代	a. 東亞世界的延續與變遷	歷 Ia-IV-1	明、清時期東亞世界的變動。	第五章、第六章、第七章
		歷 Ia-IV-2	明、清時期東亞世界的商貿與文化交流。	第五章、第六章、第七章
	b. 政治上的挑戰與回應	歷 Ib-IV-1	晚清時期的東西方接觸與衝突。	第五章、第六章、第七章
		歷 Ib-IV-2	甲午戰爭後的政治體制變革。	第五章、第六章、第七章
	c. 社會文化的調適與變遷	歷 Ic-IV-1	城市風貌的改變與新媒體的出現。	第八章、第十一章

學習主題軸	內涵項目	能力指標編碼與主要內容		對應內容
K. 現代國家的興起	a. 現代國家的追求	歷 Ka-IV-1	中華民國的建立與早期發展。	第八章、第十章
		歷 Ka-IV-2	舊傳統與新思潮間的激盪。	第七章、第八章 第十一章
	b. 現代國家的挑戰	歷 Kb-IV-1	現代國家的建制與外交發展。	第十章、第十一章 第十二章
		歷 Kb-IV-2	日本帝國的對外擴張與衝擊。	第七章、第九章
L. 當代東亞的局勢	a. 共產政權在中國	歷 La-IV-1	中華人民共和國的建立	第八章
	b. 不同陣營的互動	歷 Lb-IV-1	冷戰時期東亞國家間的競合。	第十章
		歷 Lb-IV-2	東南亞地區國際組織的發展與影響。	第十一章
O. 近代世界的變革	b. 多元世界的互動	歷 Ob-IV-1	歐洲的海外擴張與傳教。	第七章
		歷 Ob-IV-3	近代南亞與東南亞。	第十一章
Q. 現代世界的發展	b. 帝國主義的興起與影響	歷 Qb-IV-3	第一次世界大戰。	第九章
	c. 戰爭與現代社會	歷 Qc-IV-1	戰間期的世界局勢。	第八章、第九章、第十章
		歷 Qc-IV-2	第二次世界大戰。	第八章、第九章、第十章
		歷 Qc-IV-3	從兩極到多元的戰後世界。	第十章、第十一章

普通型高級中等學校教育階段（10-12 年級）

學習主題軸	內涵項目	能力指標編碼與主要內容		對應內容
A. 如何認識過去？		歷 A-V-1	誰的歷史？誰留下的史料？誰寫的歷史？	序章
D. 現代國家的形塑	a. 臺、澎、金、馬如何成為一體？	歷 Da-V-2	國際局勢與臺灣地位。	第八章、第十二章
F. 中國與東亞		歷 F-V-1	可以在什麼樣的脈絡中討論中國史？	全書
G. 國家與社會	a. 國家的統治	歷 Ga-V-1	傳統政治權威的類型。	第七章、第八章第十一章
H. 人群的移動與交流	a. 近代以前的人群移動與交流	歷 Ha-V-1	從漢、晉到宋、元時期東亞人群移動的特色與影響。	第二章、第三章第四章
		歷 Ha-V-2	明、清時期東亞人群移動的特色與影響。	第五章、第六章
I. 現代化的歷程	a. 傳統與現代的交會	歷 Ia-V-1	西方文化傳入東亞的影響。	第七章、第八章第九章第十章
		歷 Ia-V-2	東亞國家對西方帝國主義的回應。	第七章、第八章第九章、第十章第十一章
		歷 Ia-V-3	民間社會與現代化的激盪。	第八章、第十章
	b. 戰爭與和平	歷 Ib-V-1	東亞地區人民在二十世紀重大戰爭中的經歷。	第八章、第九章第十章、第十一章
		歷 Ib-V-2	共產主義在東亞的發展歷程及對局勢的影響。	第十章、第十一章
		歷 Ib-V-3	區域合作與經貿統合的追求。	第十二章
K. 臺灣與世界		歷 K-V-1	可以在什麼樣的脈絡中討論世界史？	第四章、第六章第十二章
M. 文化的交會與多元世界的發展	b. 西方與世界	歷 Mb-V-1	歐洲與亞洲的交流。	第五章、第七章第十章、第十一章
		歷 Mb-V-3	反殖民運動的發展。	第十一章
N. 世界變遷與現代性	a. 冷戰期間的世界局勢	歷 Na-V-1	冷戰期間的政治局勢。	第十章
		歷 Na-V-2	社會運動與反戰。	第十一章
	b. 冷戰後的世界局勢	歷 Nb-V-1	現代性與現代文化。	第十一章
		歷 Nb-V-2	「西方」與「反西方」。	第十一章

參考書目：

1. 岡田英弘著，陳心慧譯，《日本史的誕生：東亞視野下的日本建國史》，新北：八旗文化，2016。

2. 甘懷真〈從天下到地上－天下學說與東亞國際關係的檢討〉，《臺大東亞文化研究》5，臺北，2018.04。

3. 加藤祐三著，蔣丰譯，《東亞近代史》，北京：東方出版社，2015。

4. 戴芬妮 · 史藍克、夏恩 · 史崔特、廖文輝著，《東南亞三部曲之二：從緬甸、泰國到馬來西亞》，臺北：聯經出版，2019。

5. 劉仲敬著，《逆轉的東亞史》系列，臺北：八旗，2021。

6. 葛兆光等著，《課綱中的中國與東亞史：從國家社會、人群交流到邁向現代的歷程》，臺北：臺灣商務，2020。

7. 宋念申著，《發現東亞：現代東亞如何成形？全球視野下的關鍵大歷史》，臺北：聯經，2019。

8. 查爾斯 · 霍爾科姆著，《東亞史：從歷史的曙光到二十一世紀》，臺北：五南，2021。

9. 劉仲敬著，《中國窪地：一部內亞主導東亞的簡史》，臺北：八旗，2017。

10. 金文京著，《漢文與東亞世界：從東亞視角重新認識漢字文化圈》臺北：衛城，2022。

●● 少年知識家

故事東亞史1：
12個奠基東亞的關鍵時刻

總 策 劃｜胡川安
作　　者｜江懷哲、林韋聿、胡川安、郭忠豪、彭成毅、
　　　　　曾齡儀、蔡宗穎
繪　　者｜鄭皓允
審　　定｜陳國棟（中央研究院史語所研究員）

責任編輯｜楊琇珊
版型設計｜李潔
行銷企劃｜翁郁涵、葉怡伶

發 行 人｜殷允芃
創辦人兼執行長｜何琦瑜
兒童產品事業部
副總經理｜林彥傑
總 編 輯｜林欣靜
版權主任｜何晨瑋、黃微真

出 版 者｜親子天下股份有限公司
地　　址｜臺北市 104 建國北路一段 96 號 11 樓
電　　話｜（02）2509-2800　傳真｜（02）2509-2462
網　　址｜www.parenting.com.tw
讀者服務專線｜（02）2662-0332
週一～週五：09:00~17:30
讀者服務傳真｜（02）2662-6048
客服信箱｜parenting@cw.com.tw
法律顧問｜台英國際商務法律事務所‧羅明通律師
製版印刷｜中原造像股份有限公司
總 經 銷｜大和圖書有限公司　電話：（02）8990-2588

出版日期｜2022 年 11 月第一版第一次印行
定　　價｜380 元
書　　號｜BKKKC224P
I S B N｜978-626-305-349-6（平裝）

訂購服務
親子天下 Shopping｜shopping.parenting.com.tw
海外‧大量訂購｜parenting@service.cw.com.tw
書香花園｜臺北市建國北路二段 6 巷 11 號
電話（02）2506-1635
劃撥帳號｜50331356 親子天下股份有限公司

國家圖書館出版品預行編目(CIP)資料

故事東亞史 . 1, 12 個奠基東亞的關鍵時刻 /
江懷哲，林偉聿，胡川安，郭忠豪，彭成毅，
曾齡儀，蔡宗穎作；鄭皓允繪 . -- 第一版 . --
臺北市 : 親子天下股份有限公司 , 2022.11
144 面；18.5x24.5 公分
ISBN 978-626-305-349-6(平裝)
1.CST: 東亞史

730.1   111016481

立即購買 >